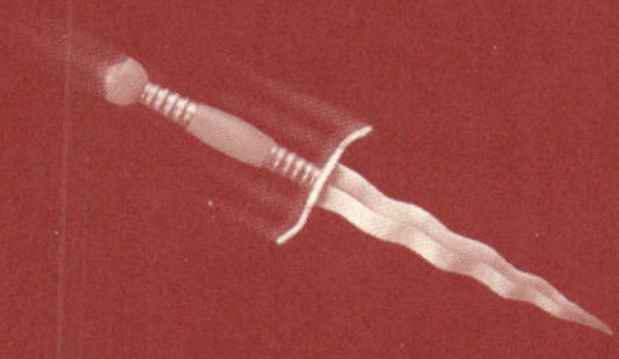

Barry Gould & Amelie Fichte

# Elf leichte Lektionen in schwarzem Humor

BARRY GOULD & AMELIE FICHTE

# 11 LEICHTE LEKTIONEN IN SCHWARZEM HUMOR

EHRENWIRTH

# INHALT

# Wie man dieses Buch benutzt

Sie haben sich entschieden, einen Selbstlernkurs in schwarzem Humor zu machen.

**Warum?**

Sicher nicht, weil Sie sich in Spanien spielend mit den Einheimischen verständigen wollen. Dann würden Sie einen dieser stinklangweiligen Sprachkurse machen und spätestens bei Lektion drei aufgeben, weil die beiden Langenscheidt'schen Hauptpersonen, Peter und Laura, Ihnen so wahnsinnig auf den Wecker fallen.
Sind Sie auf der Suche nach dem einfachen Weg zum Erfolg im Beruf, ist es ebenfalls fraglich, ob Sie mit »Elf leichte Lektionen in schwarzem Humor« das richtige Buch erworben haben. In diesem Falle sollten Sie einschlägige Fachliteratur studieren. Sie werden dann noch rechtzeitig feststellen, dass Sie schon seit Jahren alles richtig machen und lediglich Ihr Chef ein Versager ist, der die Spielregeln nicht kennt.

**Wir kennen Ihre wahren Beweggründe:**

☞ Sie wollen auf Partys nicht mehr schüchtern rumstehen und an der Pfirsichbowle nuckeln.
☞ Sie wollen Ihre lieben Freunde überraschen.

- ☞ Sie wollen auch mal das letzte Wort haben oder überhaupt einmal etwas Intelligentes sagen.
- ☞ Sie wollen einem Wildfremden so richtig auf den Schlips treten.
- ☞ Sie wollen Ihrer harmoniesüchtigen Seele einen Ausgleich verschaffen.
- ☞ Sie müssen auf einer Weihnachtsfeier das Showprogramm bestreiten.
- ☞ Sie können sonst nichts und müssen sich irgendwie Ihr Geld verdienen.

Und um alle diese oder eines der tausend anderen denkbaren Probleme zu bewältigen, haben Sie sich weise und vorausschauend für diesen Selbstlernkurs entschieden. Eine gute Wahl!

»Elf leichte Lektionen in schwarzem Humor« führt Sie Schritt für Schritt zur Perfektion im friedlichen Tabubruch. Werden Sie zum Meister der peinlichen Unterhaltung. Werden Sie wortgewandt und mutig. Überwinden Sie Ihre Ängste und Vorurteile.

Alle hierfür geeigneten Themen werden ausführlich behandelt, von Amelie und Barry kontrovers diskutiert und mit zahlreichen Textbeispielen anschaulich gemacht. Jede Lektion enthält zudem einen abwechslungsreichen Übungsteil sowie eine Wortschatzerweiterung.

Jetzt müssen Sie nichts weiter tun, als ein paar Regeln zu befolgen und nachstehende Benutzerhinweise eisern umzusetzen …

**So benutzen Sie dieses Buch:**

☞ Lesen Sie zum umfassenden Verständnis und aus Motivationsgründen zunächst »Die absolut lesenswerte, unüberspringbare und lehrreiche Vorgeschichte«. Anders kann ein hundertprozentiger Lernerfolg nicht garantiert werden und Sie sind an Ihrem Versagen selbst schuld.

☞ Folgen Sie anschließend den Lektionen chronologisch, auch wenn es Ihnen schwer fällt, weil Sie ein eher sprunghafter Typ sind.

☞ Lesen Sie zur Heranführung an einen neuen Themenbereich den jeweiligen Einführungsdialog zwischen Barry und Amelie, und nehmen Sie sich ein Beispiel am vorbildlich gemeinen Umgang der beiden. Der Einstieg in ein neues Tabufeld ist dann ein Kinderspiel.

☞ Studieren Sie die Textbeispiele, und lernen Sie pro Lektion mindestens einen Witz auswendig. Achten Sie bei der Wahl des Witzes darauf, dass er Ihre persönliche Tabugrenze so weit wie möglich überschreitet. Nur so kann ein effektives

Erweitern Ihrer schwarzen Kompetenz gewährleistet werden.

☞ Lernen Sie im Teil »Böse Worte« spielerisch den Umgang mit Ihrem schlimmen Vokabular und perfektionieren Sie Ihr Witztiming.

☞ Werden Sie aktiv und kreativ und führen Sie die vorgeschlagenen Übungen gewissenhaft aus. Sie werden sehen, dass sich nicht nur Ihr komödiantisches Potenzial erhöht, sondern ebenfalls Ihre soziale Kompetenz.

Zu guter Letzt vergessen Sie nicht: Jeder Witz muss wieder und wieder erzählt werden. Bis eine Pointe den richtigen Effekt erzielt, können schon mal ein paar Partyabende und Geburtstage ins Land gehen. Scheuen Sie sich also nicht, Ihre Freunde und Bekannten immer wieder bis zum Erbrechen zu belämmern. Sie werden es Ihnen eines Tages vielleicht danken (vielleicht aber auch nicht).
Wer sagt, Humor sei nicht erlernbar, hat vermutlich schlicht versagt. Das wird Ihnen nicht passieren, denn eines der Hauptziele der »Elf leichten Lektionen« ist folgende Erkenntnis: Humor ist eine ernste Angelegenheit. Was machen Sie eigentlich noch hier? Fangen Sie endlich an!

# Warnhinweise und Rechtfertigungen

Sämtliche Witze und Dialoge sind (von irgendjemandem) frei erfunden. Mögliche Übereinstimmungen mit dem Schicksal noch lebender oder auf tragische Weise verstorbener Personen sind entweder zufällig oder bewusst gewählt. Spielt das für Sie etwa eine Rolle?

Die Autoren weisen darauf hin, dass der Anwender dieses Selbstlernkurses selbst dafür verantwortlich ist, in welchem Rahmen schwarzer Humor eingesetzt wird, und verweisen zur ethischen Weiterbildung auf Kant oder andere verstorbene Philosophen.

Die Autoren übernehmen keinerlei Garantie für eventuelle Folgeschäden des Kurses. Zu Risiken und Nebenwirkungen lesen Sie die folgende Geschichte oder fragen Sie Ihre Freunde und Bekannten, falls Sie noch welche haben.

## Die absolut lesenswerte, unüberspringbare und lehrreiche Vorgeschichte, die hier anstelle eines Vorwortes steht, welches oft nicht besonders lesenswert, durchaus überspringbar und von wenig lehrreichem Gehalt ist.

### Schauplatz:

Eine Stadt in Europa in einem der ersten Jahre nach der Jahrtausendwende

### Die wichtigsten Personen:

**Barry Gould**, Amerikaner und Komiker. In den letzten Monaten von der Öffentlichkeit als der aufstrebende Nachwuchsstar am Himmel der Black Comedy gefeiert.

**Amelie Fichte**, Deutsche und Tochter aus gutem Hause. Nach dem Studium der vergleichenden Literaturwissenschaften und der Theologie will sie als Journalistin Wind in die verstaubte Redaktion eines Kirchenblättchens bringen.

**Julius**, Österreicher und Besitzer einer wunderbaren Cocktailbar.

Es ist nicht so, dass sich zwei Leute zufällig auf der Straße begegnen und sich so gut verstehen, dass sie nach einer durchzechten Nacht beschließen, gemeinsam ein Buch über schwarzen Humor zu schreiben. Das wäre viel zu einfach. Es ist vielmehr so, dass die äußeren Umstände zwei Menschen, die sich sonst nie getroffen hätten und sich vermutlich auch sonst nicht leiden könnten, schicksalhaft zusammenführen.

Und die äußeren Umstände waren in diesem Fall folgendermaßen:
Es war Amelie Fichtes erstes Weihnachten in der Redaktion des »Guten Boten«, einem monatlich erscheinenden, überregionalen Blatt der »offenen Gemeinde«. Vor einem knappen halben Jahr hatte sie sich hier beworben, weil ihr der Gemeinde-Slogan »Du lebst, Jesus auch, gemeinsam werdet ihr es schaffen« irgendwie besser gefallen hatte als »Neckermann macht's möglich«. Bei Neckermann hatte sie sich nämlich ebenfalls beworben. Dort hätte sie für die Mitarbeiterzeitung »Guck mal rein« Kurzartikel schreiben sollen. Inzwischen fragte sie sich gelegentlich, ob Neckermann nicht doch vielleicht etwas möglich gemacht hätte, was über ständige weltanschauliche Diskussionen mit dem Gemeindeausschuss hinausging. Es war nicht immer einfach, im Einklang mit Gott zu publizieren.

Pünktlich zu Weihnachten brachen dann in Amelies Leben die Katastrophen aus wie andernorts ein Bürgerkrieg. Denn bei der monatlichen Gemeindeversammlung tauchte die Weihnachtsfeier auf der Tagesordnung auf. Damit nahm das Übel seinen Lauf. Das Übel hieß »Lotterie«. In der »offenen Gemeinde« bedeutete »Lotterie« nämlich die hausübliche Vorgehensweise zur Planung der Weihnachtsfeier. Jedem Mitarbeiter wurde per Losverfahren eine Aufgabe zur Festgestaltung zugewiesen. Amelie zog zur Freude der anderen die größte aller Nieten. Sie zog das Los mit der Aufschrift »Lustige Unterhaltung«.
Nach kurzer Erläuterung durch Pastor Struckel erkannte sie das Ausmaß der Katastrophe. Sie sollte ein lustiges Unterhaltungsprogramm vorführen. »Sie wissen schon, Frau Fichte, machen Sie ein paar ironische Bemerkungen über die Kollegen, nehmen Sie die politische Situation der Kirche ein bisschen aufs Korn. Das können Sie doch. Sie sind doch sonst immer so lustig.« Lustig? Mit Humor hatte sie hier ja noch gar keinen Erfolg gehabt. Die geforderte Art des Gemeinde-Humors konnte Amelie scheinbar nicht liefern, obwohl sie sich insgeheim für durchaus humorig hielt. Irgendwie hatten ihre Witze und Kommentare nie mehr als ein verächtliches Hüsteln bewirkt.
Der Himmel allein weiß, welcher Teufel die verzweifelte

Amelie ritt, als sie am nächsten Tag den Amerikaner Barry Gould, den neuen Shootingstar der Black Comedy, anrief und ihn um Hilfe bei ihrem schwierigen Projekt bat. Barry seinerseits war nicht schlecht überrascht, als sein Handy klingelte und er, dem Redeschwall einer jungen Deutschen ausgeliefert, zunächst einmal nichts, nicht mal ihren Namen verstand. Als sie eine Atempause brauchte, nutzte er die Gelegenheit und unterbrach die Unbekannte, um langsam und auf Englisch zu fragen, welches genau ihr Anliegen sei. In mittelbrauchbarem Englisch trug Amelie ihr Problem erneut vor. Barrys Augenbrauen zogen sich zunächst skeptisch zusammen, schnellten dann wieder nach oben, und es gelang ihm nur mit Mühe, seinen Lachanfall als Raucherhusten zu tarnen. Eine Kirchentussi wollte von ihm für eine Weihnachtsfeier Humor lernen! Das allein war schon das perfekte Setup für einen Witz. Amelie bat um ein baldiges Treffen, bei dem sie alles Weitere besprechen könnten. Und weil er immer auf der Suche nach abstrusen Geschichten, skurrilen Begebenheiten und merkwürdigen Menschen war, entschied er sich, sie zumindest einmal zu treffen, auch wenn er schon jetzt überzeugt war, dass dieser Frau so gut wie gar nicht zu helfen war. Sie war offensichtlich verrückt und schien obendrein keine wirkliche Vorstellung von seiner Art Humor zu haben. Ja, hier ging es nämlich nicht nur um ein paar makabere Witze. Es ging darum, die Absurdität des Daseins zu erkennen. Und wenn diese Frau Fichte nicht selbst eine dieser Absurditäten war, würde er ab morgen Barry Müller heißen.

Aber eine Überraschung wäre keine Überraschung, wenn man mit ihr rechnen würde ...

Es war Samstagnachmittag. Der verregnete, graue Dezembertag ging gerade von der Morgendämmerung in die Abenddämmerung über, als eine Frau mit einem roten Regenschirm und ein schlendernder Mann in grauem Mantel sich aus unterschiedlicher Richtung dem Café einer großen Konditoreikette näherten.
Das Café war schrecklich, stellte Barry fest. Der Cappuccino wurde mit Schlagsahne serviert, und die Spezialität des Hauses war Schwarzwälder Kirschtorte für Diabetiker. In der Eile und Aufregung am Telefon war Amelie kein besserer Treffpunkt eingefallen. Offensichtlich war sie so aufgeregt gewesen, dass auch ihre Aussprache nicht wirklich deutlich war:
»Ich bin Barry«, stellte er sich vor, streckte die Hand aus und begrüßte Amelie. »Sorry, ich habe das nicht richtig verstanden am Telefon, ist dein Name wirklich Amelie ›Fickte‹ wie ›fucked‹?«

Heilige Scheiße, war das ein Test? »Nein, nein Fichte!«, antwortete Amelie schnell und errötend. »Wie der Baum, weißt du, der große Nadelbaum mit dem langen schlanken Stamm und den kräftigen Ästen.« Sie kam sich so blöd vor.
»Ah ja, ich sehe den Zusammenhang«, sagte er mit einem Augenzwinkern. Sie musste lachen.

Bekanntermaßen entscheiden die ersten zehn Sekunden einer Begegnung über Sympathien und Antipathien. Sehen wir also mal, welche Eindrücke diese beiden voneinander gewannen:

**Barry:** Sie sah ganz nett aus. Das war die erste Überraschung.

**Amelie:** Er sah ganz anders aus als im Fernsehen. Das hatte sie sich schon gedacht.

**Barry:** Sie war schlagfertig. Das war die zweite Überraschung.

**Amelie:** Er wirkte arrogant und hatte ihr gegenüber Vorurteile. Darauf war sie gefasst gewesen.

**Barry:** Sie fragte nicht nach seiner Religionszugehörigkeit. Das war die dritte Überraschung.

**Amelie:** Er war wirklich unterhaltsam und brachte sie immer wieder zum Lachen. Auch, wenn sie wie immer versuchte, ernst zu sein. Das hatte sie gehofft.

**Barry:** Sie hatte sich nicht einschüchtern lassen. Vielleicht hatte sie doch Talent. Außerdem lachte sie über seine Witze. Das war die größte Überraschung.

**Amelie:** Er fand sie ein oder zwei Mal ein bisschen lustig. Das war wirklich eine Überraschung.

Diese überwiegend positiven Eindrücke zugrunde legend, entschied man sich freudig, nicht aber ohne beidseitige Reste von Skepsis, es miteinander zu versuchen. Der erste Schritt war gemacht. Nur, und darauf bestand Barry, einen inspirierenderen Ort müsse man sich schon suchen. In so einem Café wie diesem hier könne er höchstens einen selbstmörderischen Galgenhumor entwickeln. Glücklicherweise kannte er aber eine wunderbare kleine Cocktailbar, die »Hamburg« hieß. Warum auch nicht, Hamburg hatte Amelie schon immer gefallen, Alkohol lockert bekanntlich den Geist, und Amelie hatte zuweilen das Gefühl, geistig etwas verkrampft zu sein. Noch elf Tage bis zur Weihnachtsfeier. Die Frist lief. Es folgten elf harte Tage und Nächte für Barry und Amelie. Mehr White Russian hat Julius selten gemixt und eine Durchschnitts-Amelie nie getrunken, mehr Tabak-Zigaretten hat ein Hippy-Barry eigentlich nie geraucht. Aber sie lachten.

Am zwölften Tag steht Amelie auf der kleinen Bühne im Gemeindesaal, verliert ihre Hemmungen und ist das erste Mal in ihrem Leben richtig witzig. Die Kollegen sind grinsend erstaunt, und Pfarrer Struckel fasst im Namen Gottes einen humorlosen Beschluss.
Barry ist richtig stolz auf die kleine Kirchentussi. Und auf sich selbst. Vor allem auf sich selbst. Er hat es geschafft. Er hat in nur elf Tagen eine Seite in Amelie hervorgebracht, die sie bis dahin an sich noch nicht gekannt hatte. Er hat ihr Schliff gegeben. Er war gut. Er konnte jedem verdammten Anfänger schwarzen Humor beibringen. Das musste man doch ausnutzen! Prost! Julius, noch zwei White Russian und ein Tempotaschentuch zum Tränen-Trocknen, für meine Freundin Amelie. »Nicht weinen, Amelie, Vater Staat sorgt gut für dich, bis du einen neuen Job gefunden hast«, tröstet Barry. Und sie hört auf zu hicksen, während in Barrys Kopf langsam ein Buch Gestalt annimmt.

Ach, nur eins noch. Pfarrer Struckel ist mittlerweile einziger Redakteur des »Guten Boten«, seine Konfirmanden verteilen einmal monatlich die gesammelten Gemeindeneuigkeiten in den braven Haushalten der Kleinstadt. Die überregionale Veröffentlichung hat die Landeskirche eingestellt. Man erreiche keine Leser mehr. »Wissen Sie, Pfarrer Struckel«, schrieb Pfarrer Winterwohl, Vorsitzender der Landeskirche, »ohne Ihnen zu nahe treten zu wollen – da ist kürzlich ein Buch erschienen: ›Elf leichte Lektionen in schwarzem Humor‹, vielleicht schauen Sie da mal rein ...«

*Potius amicum quam dictum perdere*
*Lieber einen Freund verlieren, als einen guten Witz*
QUINTILIAN

## Über den Sinn und Unsinn

**Amelie:** Anfänge kann ich ja gar nicht leiden.

**Barry:** Hm?

**Amelie:** Hörst du mir nicht zu?

**Barry:** Ich arbeite.

**Amelie:** Sieht man gar nicht. Woran arbeitest du denn?

**Barry:** An unserem Buch.

**Amelie:** Den elf leichten Lektionen?

**Barry:** An welchem denn sonst? Ich guck gerade, ob Hitler irgendwas Lustiges zu sagen hatte, das wir verwenden können.

**Amelie:** Ich mache mir hier Gedanken über einen sanften Einstieg in hässliche Themen, und du steckst schon mittendrin im schwärzesten Kapitel unserer Geschichte!

**Barry:** Wieso, wie hast du dir denn den Einstieg in schwarzen Humor vorgestellt?

**Amelie:** Na ja, ich dachte, wir sagen den Lesern vorweg ein bisschen was über den Inhalt und so.

**Barry:** Wieso, können die nicht lesen?

**Amelie:** Doch, ich glaub schon. Ich dachte nur, man könnte noch mal erklären ...

**Barry:** ... dass es sich um ein Lehrbuch handelt, das gar kein Lehrbuch ist, sondern lediglich eine Ansammlung von phänomenalem Nonsens in intelligenter Form?

**Amelie:** Versteht eigentlich jeder, oder? Und mit ein paar klitzekleinen Hilfestellungen ist auch dem Letzten geholfen.

**Barry:** Klar.

**Amelie:** Also, mal sehen, ob die Analphabeten den gesamten Inhalt unserer Buchstabensuppe erfassen.

**Barry:** Auf geht's. Malzeid. Malzeit? Mallzeid?

**Amelie:** Mahlzeit, du Huhn.

## Elf leichte Hilfestellungen für Anfänger und Wiedereinsteiger

1. Deine Mutter umzubringen ist nicht lustig. Außer du benutzt ein Gartenwerkzeug.
2. Wenn du eher langsam lernst, ist Fallschirmspringen nichts für dich.
3. Wenn deine Bremsen nicht zu reparieren sind, mach die Hupe lauter.
4. Was immer du sagst, sag es mit Überzeugung.
5. Teste die Wassertiefe nie mit beiden Füßen gleichzeitig.
6. Vergiss nie, dass du einzigartig bist. Wie alle anderen auch.
7. Es gibt nie eine Regel Nummer 7.
8. Der frühe Vogel fängt vielleicht den Wurm, aber die zweite Maus bekommt den Käse.
9. Vernunft und Glück sind eine unmögliche Kombination.
10. Wenn dich jemand wirklich nervt, denk daran, du brauchst 42 Muskeln, das Gesicht zu verziehen, und nur vier, um den Arm auszustrecken und dem Idioten eine zu knallen.
11. Zirkusclowns mit roten Nasen sind nicht lustig.

**Amelie:** Glaubst du wirklich, dass diese Regeln irgendwie helfen?

**Barry:** Nein. Aber sie sind lustig. Und Nummer 2 könnte entscheidend sein.

**Amelie:** Ja, wenn Möllemann bloß unser Buch gelesen hätte ...

**Barry:** Da hast du es. Sie sind nützlich.

## Lustige Dinge

**Der kleine Timmy** ist damit beschäftigt, in einer schattigen Ecke des Gartens ein Loch zuzuschaufeln. Neugierig schaut der Nachbar über den Gartenzaun und fragt freundlich: »Was machst du denn da, Tim?«
»Mein Goldfisch ist gestorben«, antwortet Timmy mit tränenerstickter Stimme, ohne aufzuschauen. »Ich hab ihn grad begraben.«
Der Nachbar ist ganz betroffen. »Oh, das tut mir aber Leid«, beteuert er. »Aber sag mal, das ist ja ein ganz schön großes Loch für einen Goldfisch, findest du nicht?«
Timmy klopft die letzte Schaufel Erde fest und sagt: »Das ist, weil er in deiner doofen Katze drin ist.«

☆

**Ein alter Mann** sitzt auf einer Bank am Bahnhof und liest Zeitung, als ein junger Mann sich neben ihn fallen lässt. Seine Haare stehen wie Stachel nach oben, in Grün, Gelb, Orange und Lila. Seine Augen sind schwarz geschminkt, seine Klamotten leuchten in grellen Neonfarben. Der Alte starrt ihn unverwandt an. Irgendwann fragt der Junge herausfordernd: »Was is los? Nie was Verrücktes gemacht im Leben?« »Doch«, antwortet der Mann. »Ich war einmal so richtig betrunken und hatte Sex mit einem Papagei. Ich habe mich nur gefragt, ob du vielleicht mein Sohn bist …«

☆

**Der Papst ist** bei den berühmten Sieben Zwergen zu Besuch. Gerade hat er seinen Vortrag zum Thema der vergleichenden Religionswissenschaften beendet, als Seppl, der Dümmste der Zwerge, die Hand hebt und fragt: »Herr Papst, gibt es in Rom eigentlich Zwergnonnen?«
»Nein«, antwortet der Heilige Vater. »Die gibt es nicht.«
»Herr Papst, gibt es irgendwo in Italien Zwergnonnen?«, fragt Seppl weiter.
»Nein, Seppl«, kichert der Papst. »Nirgendwo in Italien.«
»Herr Papst«, fragt Seppl flehentlich. »Gibt es denn irgendwo auf der Welt Zwergnonnen?«

»Nein, Seppl«, sagt der Papst traurig. »Es gibt nirgendwo auf der Welt Zwergnonnen.«
Und leise singt im Hintergrund der Chor der restlichen sechs Zwerge: »Seppl poppt 'nen Pinguin, Seppl poppt 'nen Pinguin ...«

☆

**Ein Luxusliner rammt** auf mysteriöse Weise mitten im Pazifik einen Eisberg und sinkt. Nur 13 Leute überleben. Eine Frau und zwölf Männer. Mit letzten Kräften erreichen sie das Ufer einer einsamen tropischen Insel.
Beschämt über die Ereignisse, nimmt die Frau sich eine Woche später das Leben.
Beschämt über die Ereignisse, wird sie von den Männern eine Woche später beerdigt.
Beschämt über die Ereignisse, graben sie sie eine Woche später wieder aus.

☆

**Bill Gates segnet** das Zeitliche. Als er vor Petrus steht, kann dieser sich nicht entschließen, was er mit Bill Gates anfangen soll. »Du hast viel Schlechtes über die Menschen gebracht. Konsum und Abhängigkeit. Du hast außerdem in deinem Reichtum geschwelgt und niemandem etwas abgegeben. Aber du hast auch viel Gutes für die Menschen getan. Du hast ihnen ein Mittel zur Kommunikation gegeben und vielen Leuten das Arbeiten erleichtert. Du sollst selbst entscheiden, wo du die Ewigkeit verbringen willst. Schau dich ruhig mal hier oben um. Und wenn du möchtest, machst du einen Ausflug in die Hölle.« Bill Gates genießt also in aller Ruhe ein paar Tage im Himmel, klimpert auf seiner Harfe herum und freut sich am ewigen Sonnenschein, aber schließlich wird es ihm zu langweilig, und er macht sich auf die Probefahrt in die Hölle. Er ist begeistert. Das Leben ist reiner Müßiggang, Sandstrände, so weit das Auge reicht, Frauen ohne Ende und Alkohol bis zum Abwinken. Hier will er bleiben. Er geht in eine Telefonzelle, ruft Petrus an und teilt ihm seinen Entschluss mit. Doch kaum hat er aufgelegt, ist er an Händen und Füßen an die Wand gekettet, unter ihm lodert das Höllenfeuer, die Hitze ist unerträglich, und um ihn herum schweben unheimliche Gestalten. »Petrus!«, ruft er laut. »Was ist hier los? Eben war ich doch noch am Strand, hier liegt ein Missverständnis vor!« »Ach«, antwortet Petrus aus dem Off. »Das tut mir Leid. Das muss noch ›Hell 3.1‹ gewesen sein, das hier ist die neue Version, ›Hell XP‹.«

## Böse Worte

Sex ☆ Flugzeug ☆ Schaf ☆ Frau
Maschinengewehr

## Zur Übung

### Aktiv

Machen Sie die fünf bösen Worte zu Ihrem Morgen-Mantra und wiederholen Sie dieses mit der ganzen Familie am Frühstückstisch. Haben Sie keine Hemmungen, einzelne Worte auch laut in der Straßenbahn oder an der Kasse im Supermarkt zu testen. Gewöhnen Sie sich langsam an verwunderte Blicke und Drohungen.

### Kreativ

Erschießen Sie Ihren Fernseher.

*Der geistige Horizont ist der Abstand zwischen Brett und Hirn.*

WANDSPRUCH IN EINER TOILETTE DER MÜNCHENER UNIVERSITÄT

## Über Intelligenz und ihre verheerenden Folgen

**Amelie:** Das sind ja intelligente Leser, wenn sie mit unseren elf leichten Hilfestellungen etwas anfangen können.

**Barry:** Intelligent genug jedenfalls, um den Witz daran zu verstehen.

**Amelie:** Du hast Recht, davon sollten wir sowieso ausgehen. Obwohl das wahrscheinlich eher dumm ist, schließlich wollen wir ja mehr als 200 Bücher verkaufen.

**Barry:** Vielleicht bin ich ja naiv, aber ich glaube an die Intelligenz des Durchschnitts.

**Amelie:** Wie wäre es mit einem kleinen Intelligenztest? Dann kann jeder selbst herausfinden, ob die zehn Euro für diesen Kurs völlig aus dem Fenster geworfen sind, oder ob noch Hoffnung besteht.

**Barry:** Bitte nicht, solche Tests haben doch nichts mit Intelligenz zu tun, sondern nur mit der Fähigkeit, sein Kreuzchen an der richtigen Stelle zu machen.

**Amelie:** Und die Wahlen zeigen immer wieder, dass die Leute offensichtlich noch nicht genug Intelligenztests gemacht haben.

**Barry:** Glaubst Du wirklich, dass die Intelligenz des Wählers irgendeinen Einfluss auf die Wahlergebnisse hätte? Die kommen doch nicht durch die Wählerbeschränktheit zustande, sondern dadurch, dass einem nie die richtigen Kästchen zum Ankreuzen angeboten werden.

**Amelie:** Und deshalb schlage ich eine Weltneuheit vor: Einen Test, in dem wir den Menschen Alternativen anbieten, für die sie sich entscheiden wollen, nicht müssen.

**Barry:** So ein Test erfordert wirklich Intelligenz. Her damit!

## Elf leichte Fragen, um Ihre Intelligenz zu testen

**1. Intelligenz ist ...**

☐ a: Eine Gabe

☐ b: Ein Fluch

☐ c : Zeitverschwendung

**2. Was ist $\sqrt{17}$?**

☐ a: Ein Lama

☐ b: 42

☐ c: 4,12310562561766054982140985597408

**3. Wann sind Sie verantwortlich für das Sterben der Kunst?**

☐ a: Wenn Sie sich im Museum den Eintrittspreis für Behinderte und Senioren erschleichen

☐ b: Wenn Sie ein Buch von Dieter Effenberg kaufen

☐ c: Wenn Sie Stefan Raabs Fernsehshow anschauen

**4. Was ist das Problem am Genpool?**

☐ a: Es gibt zu viele Nichtschwimmer

☐ b: Es gibt keinen Bademeister

**5. Wenn Sie in Ihrer Wohnung ein Haustier halten dürften, welches würden Sie wählen?**

☐ a: Spider Murphy

☐ b: Michael Jackson

☐ c: Ein Pony

**6. Was ist ein »schlechtes Gewissen«?**

☐ a: Keine Ahnung

☐ b: Das, was wehtut, wenn alles andere sich gut fühlt

☐ c: Ein Fisch

**7. Die richtige Antwort auf diese Frage lautet:**

☐ a: Es gibt keine richtige Antwort auf eine nicht gestellte Frage

☐ b: Es gibt nie eine Antwort auf Frage 7

☐ c: Es gibt nie eine Frage 7

**8. Irak ist:**

☐ a: Ein Land

☐ b: Eine Kolonie

☐ c: Eine Marionette

**9. In welchem Fall sollten Sie um Hilfe rufen?**

☐ a: Wann immer ein Filmschauspieler in die Politik geht

☐ b: Wenn Nenas neue Single »Hundert und ein Luftballon« in die Charts kommt

☐ c: Wenn die hundert Schlaftabletten, die Sie genommen haben, sich als Viagra entpuppen

**10. Wie lautet der Genitiv Plural von »Snobismus«?**

☐ a: CSU

☐ b: Der Snobismusse

☐ c: Der zwei Pudel

**11. Wer sollte ein besseres Shampoo benutzen?**

☐ a: Heidi Klum

☐ b: Kojak

☐ c: Michel Friedman

**So werten Sie aus:**
Jede Antwort a): ein Punkt
Jede Antwort b): ein Punkt
Jede Antwort c): ein Punkt
Keine Antwort: kein Punkt

**Lösung:**
0-10 Punkte: Los, machen Sie erst mal den Test fertig.
11 Punkte: Sind Sie sich Ihrer Intelligenz und Ihres komischen Talents so wenig sicher, dass Sie einen derartig bekloppten Test machen müssen und dann auch noch die Lösung lesen? Tststs.

**Amelie:** Na, jetzt sind sicher alle ordentlich vorbereitet. Alle außer uns, wahrscheinlich.

**Barry:** Ich bin von Natur aus vorbereitet. Wieso fühlst du dich denn nicht vorbereitet? Hast du heimlich den Test gemacht und nur acht Punkte erreicht?

**Amelie:** Es war gemein, eine Rechenaufgabe einzubauen. Du wusstest genau, dass ich die Antwort nicht wissen würde.

**Barry:** Was hast du denn? Jede Antwort wäre doch richtig gewesen.

**Amelie:** Ja, aber eine wäre noch richtiger gewesen.

**Barry:** Und welche?

**Amelie:** Genau das weiß ich eben nicht.

**Barry:** Ich sag es dir: 42. Das stimmt immer.

**Amelie:** Und was, wenn ich durchgefallen wäre?

**Barry:** Das wäre genauso gut. Leute, die durch einen Intelligenztest fallen, sind besser im Regeln befolgen.

# Lustige Dinge

**Tina Turner** entschließt sich nach langem Hin und Her, sich die zu langen Schamlippen wegoperieren zu lassen. Verständlicherweise verlangt sie vom Chefarzt absolute Diskretion und Anonymität. Als sie aus der Narkose aufwacht, steht an ihrem Bett ein riesiger Strauß roter Rosen. Völlig entsetzt lässt sie den Chefarzt kommen. »Wie erklären Sie sich das?«, herrscht sie den Mann an. »Sie hatten mir zugesagt, dass von meiner Operation nichts an die Öffentlichkeit dringt.« Der Chefarzt versucht sie zu beruhigen: »Lesen Sie doch erst einmal das Kärtchen, dann klärt sich alles auf.« Tina Turner zupft die rosa Karte aus der Blütenpracht und liest:
»Vielen Dank für die neuen Ohren. Ihr Niki Lauda.«

☆

**Eine Frau,** Anfängerin im Golf, schlägt ihren Ball mal wieder so weit vom Course, dass er in hohem Bogen in den Wald fliegt. Als sie vergeblich im Gebüsch rumkriecht, findet sie einen Frosch, der in einer Falle festsitzt. »Wenn du mich aus der Falle befreist«, sagt der Frosch, »hast du drei Wünsche frei.«
Die Frau befreit den Frosch, der sich sehr bedankt.

»Bezüglich der Wünsche gibt es allerdings einen kleinen Haken«, sagt er beiläufig. »Was immer du dir wünschst, dein Mann erhält das Zehnfache davon!« »Oh, das macht nichts«, antwortet die Frau. »Was mein ist, ist sein, was sein ist, ist mein.« »Was wünschst du dir also?«, fragt der Frosch. »Als Erstes wünsche ich mir, eine unbeschreiblich schöne Frau zu sein.« »Das macht deinen Mann zu einem Adonis, dem keine Frau widerstehen kann, das ist dir klar?« »Oh, das macht nichts«, sagt die Frau leichthin. Der Frosch sagt das Zauberwort, und Kawumm ist sie die schönste aller Frauen. »Dein zweiter Wunsch?«, fragt der Frosch. »Ich wünsche unendlichen Reichtum, Millionen Euro, ein 5000 Quadratmeter großes Haus und 1000 Hektar Land.« Der Frosch weist sie wieder darauf hin, dass ihr Mann das Zehnfache davon erhalten wird, aber sie erwidert nur: »Was sein ist, ist mein. Was mein ist, ist sein.« Zauberwort, Kawumm, und die beiden befinden sich in ihrer neuen riesigen Villa, auf einem Hügel mit atemberaubendem Seeblick und einem privaten Strand. »Dein dritter Wunsch?«, fragt der Frosch. Sie lächelt und sagt: »Ich wünsche mir einen leichten Herzanfall.«

☆

**Das ist die** perfekte Fußballmannschaft: Im Sturm spielen die Juden, denn die dürfen nicht verfolgt werden. Im Mittelfeld werden die Indianer, Chinesen und die Schwarzen aufgestellt, denn die machen das Spiel bunt. In der Verteidigung spielen am besten die Schwulen, weil sie wissen, wie man für Druck von hinten sorgt. Im Tor steht schließlich eine Nonne, denn die hat noch nie einen reingelassen.

☆

**Ein weit gereister** Bauchredner trampt durch Wales. Er kommt durch ein kleines Dorf und sieht einen einheimischen Bauern bequem auf seinem Hof sitzen, Pfeife rauchen und seinen Hund streicheln.
»Tach auch«, sagt der Bauchredner zum alten Lloyd. »Nen schönen Hund haben Sie da, was dagegen, wenn ich ein bisschen mit ihm plauder?« »Der Hund spricht nicht«, sagt Lloyd. »Mal sehen«, sagt der Bauchredner und fragt den Hund: »He, Hund, wie geht's?« »Ganz okay«, antwortet der Hund. Lloyd ist völlig geschockt. »Ist das dein Herrchen?«, fragt der Bauchredner und zeigt auf Lloyd. »Jo!«, sagt der Hund. »Und, wie behandelt er dich?«, fragt der Mann weiter. »Wirklich gut«, antwortet der Hund. »Wir gehen zweimal täglich Gassi, er füttert mich gut, und einmal in der Woche geht er mit mir

an den See zum Spielen.« Lloyd kann gar nicht glauben, was er da hört, und starrt seinen Hund an. Der Bauchredner zeigt hinüber zur Weide. »Was dagegen, wenn ich mit dem Pferd plauder?« »Äh, das Pferd spricht auch nicht. Glaube ich.« »He, Pferd!«, ruft der Bauchredner, »alles klar?« »Logo!«, antwortet das Pferd. Lloyd muss sich setzen. »Dein Besitzer hier, behandelt er dich gut?« »Danke der Nachfrage«, sagt das Pferd, »alles bestens. Er reitet regelmäßig auf mir, striegelt mich und hat mir einen schönen Stall gebaut.« Der Bauchredner schaut den völlig verwirrten Lloyd an und fragt: »Was dagegen, wenn ich ein paar Takte mit dem Schaf rede?« »Moment«, sagt Lloyd, »das Schaf ist ein verdammter Lügner!«

☆

**Es ist ein schöner** Sommertag, und natürlich ist alle Welt auf dem Weg an den Strand. An einer kleinen Kreuzung treffen zwei Autos gleichzeitig ein. Den Kopf in den Wolken, passen beide Fahrer nicht auf den Verkehr auf, und – Poff! – krachen die beiden Wagen mit voller Wucht ineinander. Als sie endlich zum Stehen kommen, steigt aus dem einen Wagen ein Mann, aus dem anderen eine Frau aus. Die Autos sind hinüber, aber die Leute scheinen unversehrt. »Es tut mir alles schrecklich Leid. Sind Sie in Ordnung?«, fragt er. »Unter anderen Umständen wäre es mir wahrscheinlich ein Vergnügen, Sie kennen zu lernen. Aber danke der Nachfrage, ich bin in Ordnung. Mein Name ist übrigens Amée Heckenburger«, sagt sie und streckt ihm die Hand entgegen. »Johann Liebermeier«, antwortet er und findet die Frau auf Anhieb sympathisch. Sie scheint etwas Ähnliches zu denken, deshalb fackelt er nicht lange, sondern sagt: »Wissen Sie, ich war eigentlich gerade auf dem Weg zum Strand, um ein Picknick zu machen.« Er geht zu seinem Kofferraum. »Alles noch heil!«, ruft er. »Dann machen wir das Picknick doch einfach hier, den Strand kann man ja schon sehen«, schlägt Amée vor. »Das hab ich auch gerade gedacht«, sagt Johann froh. Sie breiten ihr Picknick auf der Wiese aus, beide zufrieden und glücklich. Man redet über dies und das, und schließlich sagt Johann: »Das ist wirklich erstaunlich. Aber vielleicht war es ein Wink des Schicksals, dass wir uns auf diese Weise begegnet sind.« Sie stimmt lachend zu. Er gießt ihnen Wein ein, prostet ihr zu und trinkt sein Glas in einem Zug aus. Er füllt sein Glas erneut und fragt schon leicht angeschickert: »Trinkst du deinen Wein nicht?« Sie schaut ihn an und antwortet: »Nein danke, ich glaube, ich warte, bis die Polizei da ist.«

## Böse Worte

Enthauptung ☆ Ballgefühl ☆ unter Wasser
Cunnilingus ☆ Jutetasche

## Zur Übung

### Aktiv

Versuchen Sie, Ihren Peinlichkeitsquotienten zu erhöhen. Werden Sie nicht immer rot, wenn man über Sie lacht. Begeben Sie sich bewusst in peinliche Situationen. Fragen Sie beim Metzger, seit wann nur Kinder ein Stück Fleischwurst bekommen.

### Kreativ

Verfassen Sie unter Verwendung der fünf bösen Worte eine Kontaktanzeige.

*Humor ist überwundenes Leiden an der Welt.*

JEAN PAUL

## Was bin ich?

**Barry:** Okay, jetzt sag »Ooommmmm«.

**Amelie:** Ooommmmm.

**Barry:** Gut, fühlst du was?

**Amelie:** Was?

**Barry:** In deinem Ooommmmm?

**Amelie:** Ooommmmm. Nein, nichts.

**Barry:** Noch mal: Ooommmmm.

**Amelie:** Was soll das denn?

**Barry:** Du musst deine komödiantische Stimme kanalisieren.

**Amelie:** Das hört sich ziemlich bekloppt an.

**Barry:** Und du siehst ziemlich bekloppt aus, wie du da sitzt und Ooommmmm machst ...

**Amelie:** Ja, so komme ich mir auch vor.

**Barry:** Das macht nichts. Sieh es als Chance.

**Amelie:** Chance für was?

**Barry:** Deine komödiantische Stimme zu kanalisieren ist die Billig-Variante, um das Kind in dir zu befreien, und das ganz ohne professionelle Hilfe.

**Amelie:** Fragen Sie einfach Doktor Barry, den lustigen Psycho-Onkel!

**Barry:** Exakt. Ich habe erst kürzlich einen Ehrendoktor verliehen bekommen für meine tief greifende Studie zur vergleichenden Analyse humoristischer Typen.

**Amelie:** Oh, Doktor Barry, bitte, bitte helfen Sie mir, meine komödiantische Stimme will befreit werden!!!!

**Barry:** Streck die Zunge raus und sag A, dann schaue ich mal, nach welchem Typ deine Stimme schreit. Vielleicht lässt sich ja was machen. Du wirst nicht glauben, wie unterschiedlich die Stimmogramme ausfallen können:

## Kleine Typologie des Humoristen

### Der »Kennt ihr den schon«-Typ

**Auch bekannt als:** Ego-Pfleger, Massenmagnet, Mr Hier komm ich
**Seine Vorteile:** Gut aussehend, solides Basiswissen, nimmt sich auf Partys großzügig aller Idioten an
**Seine Nachteile:** Stiehlt Ihnen die Show

### Der Professor

**Auch bekannt als:** Mr Ernst, Frido Furztrocken, Unverhofft kommt manchmal, aber dann gewaltig
**Seine Vorteile:** Intelligent, lustig, unberechenbar
**Seine Nachteile:** Unberechenbar, er könnte sich auch über Sie lustig machen

### Der Kracher

**Auch bekannt als:** Der Hai, Mr Klar-kann-ich-auch-über-mich-selber-lachen, Der Komiker
**Seine Vorteile:** Extrem witzig, immer erfolgreich
**Seine Nachteile:** Könnte Ihnen die Freundin ausspannen

### Der Pessimist

**Auch bekannt als:** Mr Miesmacher, »Den findet ja eh keiner lustig«, Unke
**Seine Nachteile:** Er macht sich kleiner, als er ist
**Seine Vorteile:** Je kleiner er sich macht, desto größer werden Sie

### Der »Guten Abend, meine Damen und Herren«-Typ

**Auch bekannt als:** »Sprich mir einfach auf den AB«, Mr Muss-los,-mein-Agent-ist-in-der-Stadt, »Kennst du meine CD?«
**Seine Vorteile:** Solides Talent, beherrscht seine Pointen im Schlaf
**Seine Nachteile:** Verursacht Pickel

### Der Pointen-Killer

**Auch bekannt als:** Zufrühkommer, Mr Scheiße-schon-wieder, »Äh, sorry Leute«
**Seine Vorteile:** Lustig, wenn man gerne Leute leiden sieht. Ist ein gutes »Wie man es nicht macht«-Beispiel
**Seine Nachteile:** Nach dem dritten Mal deprimierend anzusehen

### Der Wiederholungstäter

**Auch bekannt als:** »He, willst du einen Witz hören?«, Papa, Dampfwalze, Monsieur Déjà-vu
**Seine Vorteile:** Er kennt drei Witze
**Seine Nachteile:** Er erzählt sie

### Der Loser

**Auch bekannt als:** Ludger Langweilig, Schwager, »Als ich neulich meine Mutter besucht habe, ist mir was Lustiges passiert«
**Seine Vorteile:** Er kennt unendlich viele Witze
**Seine Nachteile:** Er erzählt sie

**Amelie:** Und wie lautet die Diagnose, Doktor Barry? Was sagt meine komödiantische Stimme?

**Barry:** Hm. Schwerer Fall. Vielleicht muss ich meine Studie noch mal überarbeiten ...

# Lustige Dinge

**An einem schönen** Sommertag sitzen Jesus, Fidel Castro und der Papst am Strand und sehen hinaus über die Wellen. Jesus sagt: »Der, der rein in Herz, Geist und Seele ist, kann übers Wasser gehen.« »Das musst du mir erst mal beweisen«, tönt der Papst. Jesus erhebt sich, geht fünfzig Meter hinaus aufs Wasser, dreht sich um, winkt den anderen beiden und kommt zurück. »Das kann ich auch!«, behauptet Fidel Castro. Unter großem Hallo des Papstes und Jesu geht er hinaus aufs Wasser. Nach fünfzig Metern winkt er herüber und kommt fröhlich zurück. »Na, dann will ich mal!«, sagt der Papst und krempelt sich das Beinkleid hoch. Er geht fünf Meter und versinkt vor den Augen der anderen. »Sollen wir ihm sagen, wo die Steine sind?«, fragt Jesus. Darauf fragt Fidel Castro: »Welche Steine?«

☆

**Wie jede anständige** Hausfrau und Mutter hat auch Frau Feierabend einen Liebhaber, der sie besucht, während ihr Mann seiner Arbeit nachgeht. Ihr Sohn Jan versteckt sich dann gerne im Schrank, um das Treiben der Erwachsenen zu beobachten. Eines Tages kommt der Vater aber früher

von der Arbeit zurück, und auch der Liebhaber muss schnellstens im Schrank verschwinden. Jan sagt: »Ganz schön dunkel hier.« »Stimmt«, flüstert der Mann zurück. »Ich habe einen Fußball«, sagt Jan. »Schön für dich«, gibt der Liebhaber zurück. »Willst du ihn kaufen?« »Nee danke, behalt den mal.« »Mein Vater ist draußen ...« »Okay«, räumt der Liebhaber ein. »Wie viel?« »250«, sagt Jan und kassiert.
Eine Woche später wiederholt sich das Szenario. Wieder sitzen Jan und der Liebhaber im Schrank. »Ganz schön dunkel hier«, gibt Jan zu bedenken. »Stimmt«, flüstert der Mann. »Ich hab Turnschuhe«, sagt Jan. »Wie viel?« »500«, verlangt Jan und kassiert.
Am folgenden Sonntag sagt Herr Feierabend zu Jan: »Los, hol deine Fußballsachen, wir gehen auf den Bolzplatz und kicken ein bisschen.« »Geht nicht«, antwortet Jan. »Ich hab alles verkauft!« »Für wie viel?«, fragt der Vater. »750«, prahlt Jan. »Es ist unglaublich, wie du deine Freunde betrügst! Das ist ja viel mehr, als die Sachen überhaupt gekostet haben. Wir beide gehen jetzt hübsch in die Kirche, und du beichtest das, Freundchen. Basta.«
Eine Viertelstunde später sitzt Jan im Beichtstuhl. Er schaut sich um und flüstert dann: »Ganz schön dunkel hier.« Darauf der Pastor: »Lass den Scheiß!«

**Wenn sich in** Israel zwei Leute treffen und der eine fragt, wie es geht, ist eine gängige Antwort »zehn«, was so viel heißt wie »super«.
Ein Palästinenser ist in einem Bus durch Jerusalem unterwegs. Nach einer Weile des Geschaukels fragt er seinen israelischen Banknachbarn höflich, wie es ihm denn so geht. Der Israeli antwortet zufrieden »Zehn. Und selbst?« Der Palästinenser antwortet lächelnd: »Zehn.« Lächelt und sagt dann: »Neun, acht, sieben, sechs ...«

☆

**Die Versetzung** in die zweite Klasse ist gefährdet. Aber die Kinder haben noch eine letzte Chance, beim Direktor persönlich eine Prüfung abzulegen, um zu beweisen, dass sie es verdient haben, mit den andern in den fortgeschrittenen Bildungsgenuss zu kommen. Der Direktor setzt die Brille auf und sagt: »Na, Peter, dann buchstabier doch mal ›Vater‹.« Peter buchstabiert: »V-A-T-E-R.« »Das ist richtig, du hast bestanden, mein Junge«, sagt der Direktor. »Jetzt du, Susanne. Buchstabier bitte ›Mutter‹.« Susanne stammelt: »M-U-T-T-E-R.« »Sehr gut«, lobt der Direktor, »du hast bestanden. Ali, buchstabier du doch mal ›Ausländerdiskriminierung‹.«

**Micha und sein** alter Freund Bob treffen sich nach langer Zeit wieder und gehen zusammen einen trinken. Sie setzen sich an die Bar, und als der Barmann Micha fragt, was er trinken wolle, antwortet Micha: »B-B-B-B-B-ier b-b-b-bi-bitte.« Bob bestellt einen Whiskey und lehnt sich vertraulich zu seinem Kumpel rüber. »Weißt du, Micha, es weiß fast niemand, aber als ich angefangen habe, Vorlesungen zu halten, habe ich auch gestottert. Aber als meine Frau und ich geheiratet haben und sie mich von da an jeden Tag mit Oralsex verwöhnt hat, war ich kuriert. Warum versuchst du das nicht auch mal?« »G-G-G-G-ute I-Id-d-d-dee«, stottert Micha. Den Rest des Abends schwelgen sie in Erinnerungen an gute alte Zeiten. Ein paar Monate später treffen sich die beiden auf einem Kongress wieder. Bob klopft Micha auf die Schulter. »Und, Alter, hast du's ausprobiert?« Micha nickt. Bob grinst. »Du bist geheilt, stimmt's?« »N-N-N-ein«, antwortet Micha, »aber du ha-ha-hast ein sch-sch-schö-n-n-es H-H-Haus!«

## Böse Worte

Hitler

## Zur Übung

### Aktiv

Finden Sie heraus, zu welchem Humoristen-Typus Sie sich selber zählen. Fragen Sie zur Sicherheit jemanden, dem Sie vertrauen und der Sie schon mehr als einen Witz hat erzählen hören. Sollten Sie noch nie einen Witz erzählt haben, holen Sie das umgehend nach. Wichtig: Seien Sie ehrlich zu sich selbst, auch wenn es schmerzt. Sollten Sie sich selbst irgendwo anders als bei »Der Kracher« (oder notfalls auch »Der Professor«) wiederfinden, sehen Sie zu, dass es keiner mitbekommt, und suchen Sie einen Psychologen auf.

### Kreativ

Schreiben Sie unter Verwendung des einen bösen Wortes ein Buch, das nichts mit Nationalsozialismus zu tun hat.

*Der Satiriker ist ein gekränkter Idealist.*

KURT TUCHOLSKY

## Über echte und falsche Freunde

**Amelie:** Und dann geht es natürlich schief.

**Barry:** Was?

**Amelie:** Das Witzeerzählen.

**Barry:** Ja, manchmal.

**Amelie:** Wie deprimierend.

**Barry:** Deprimierend, wieso? Du glaubst gar nicht, auf wie viele wunderbare Arten man versagen kann.

**Amelie:** Du bist wirklich ein optimistischer Pessimist!

**Barry:** Ich betrachte es einfach als Herausforderung, glanzvoll unterzugehen. Ich weiß ja, dass es nie meine Schuld ist, wenn ein Witz in die Hose geht.

**Amelie:** Ja, stimmt. Schuld sind immer die anderen.

**Barry:** Zumindest meistens. Aber es gibt so viele Faktoren, die ausschlaggebend sein können. Die Sternenkonstellation, der akute Geisteszustand, die Wettervorhersage.

**Amelie:** Und wenn das alles in Ordnung ist, sind die anderen schuld!

**Barry:** Wenn du die Unfähigkeit eines Schweins, Perlen zu erkennen, Schuld nennen willst ...

**Amelie:** Das ist eine billige Entschuldigung. Nur ein Typ Zuhörer ist nicht in der Lage, Pointen zu verstehen. Die anderen sind vielleicht Trüffelschweine.

**Barry:** Viele können Trüffel essen, aber nur wenige wissen den delikaten Geschmack wirklich zu schätzen.

**Amelie:** Ich glaube, jetzt ist der Zeitpunkt gekommen, sich diese Schweine ...

**Barry:** ... du meinst Zuhörer ...

**Amelie:** ... mal genauer anzuschauen.

## Kleine Typologie des Zuhörers

### Der Dieb

**Auch bekannt als:** Schleimer, Lügner, Schlange
**Seine Vorteile:** Er ist schnell, er ist lustig
**Seine Nachteile:** Ihre Freunde denken, Sie hätten den Witz von ihm geklaut, nicht umgekehrt

### Der Gähner

**Auch bekannt als:** Langweiler, Mr Wo-ist-da-der-Witz?, »Hab ich schon mal besser gehört«
**Seine Vorteile:** Man muss sich nicht bemühen, ihn zu beeindrucken
**Seine Nachteile:** Er lacht nie

### Der Schenkelklopfer

**Auch bekannt als:** Lichtblick, Erleichterung, Mr Lustig, »Suuuuperwitzmann!«
**Seine Vorteile:** Ist ein gutes Witzbarometer
**Seine Nachteile:** Seltene Spezies

### Der »Oh, da weiß ich auch noch einen«-Typ

**Auch bekannt als:** Albtraum, Mr Ich-bin-wichtiger-als du
**Seine Vorteile:** Redet, auch wenn keiner zuhört
**Seine Nachteile:** Redet, auch wenn keiner zuhört

### Der Vielfraß

**Auch bekannt als:** Neugier, Fass ohne Boden, Mr Erzähl-doch-mal-den-einen-von-neulich
**Seine Vorteile:** Leicht zufrieden zu stellen
**Seine Nachteile:** Schwer loszuwerden

### Der »Kapier ich jetzt nicht«-Typ

**Auch bekannt als:** »Hä?«, Der Idiot, Mr Lange Leitung
**Seine Vorteile:** Ist stets bemüht
**Seine Nachteile:** Ohne Erfolg

### Der Pointen-Killer

**Auch bekannt als:** Der »Ich bin wichtiger als dein Witz«-Typ, Sadist, Metzger
**Seine Vorteile:** Keine
**Seine Nachteile:** Anwesenheit

### Der Kritiker

**Auch bekannt als:** »Ich hab da kürzlich gelesen«, Mr Nickelbrille

**Seine Vorteile:** Guter Gesprächspartner

**Seine Nachteile:** Nerviger Gesprächspartner

### Der »Den kenn ich noch gar nicht«-Typ

**Auch bekannt als:** Albert Alzheimer, Opa, »Da war ich nicht dabei«

**Seine Vorteile:** Gut zum Üben, leicht zu unterhalten, weniger ist mehr

**Seine Nachteile:** Nach dem zwanzigsten Mal ist der Witz für den Erzähler nicht mehr lustig

**Amelie:** Mann, so viele schreckliche Zuhörer, das macht nicht gerade Mut, Witze zu erzählen!

**Barry:** Du musst nur das richtige Publikum auswählen. Die wichtigste Regel also: Verschwende deinen Atem nicht für Idioten.

## Lustige Dinge

**Joe ist von** immer schlimmer werdenden Kopfschmerzen geplagt. Als sogar sein Liebesleben darunter zu leiden beginnt, entschließt er sich, medizinische Hilfe zu suchen. Ein Spezialist weiß schließlich eine Lösung für das Problem. »Die gute Nachricht ist, dass wir Ihre Kopfschmerzen heilen können«, sagt der Arzt. »Die schlechte allerdings ist, dass dies Ihre Kastration erfordert. Sie haben eine äußerst seltene Konstitution. Ihr Hoden ist so schlimm nach oben gepresst, dass das Rückenmark abgeklemmt wird. Das verursacht Ihnen diese schlimmen Kopfschmerzen.« Der Eingriff ist schnell erledigt, und als Joe nur kurze Zeit später das Krankenhaus verlässt, fühlt er sich wie ein neuer Mensch. Er will sein neues Leben mit neuen Kleidern beginnen. Er betritt einen Herrenausstatter und sagt zu dem Verkäufer: »Ich hätte gerne einen Anzug.« Der Verkäufer mustert ihn kurz und sagt: »Lassen Sie mal sehen ... Größe 52, lang.« Joe lacht. »Das stimmt, woher wissen Sie das?« »Ich betreibe meine Arbeit mit einer gewissen Ernsthaftigkeit, mein Herr.« Joe probiert den Anzug an. Er passt vorzüglich. Während er sich noch im Spiegel bewundert, fragt der Verkäufer: »Wie wäre es denn noch mit einem neuen Hemd?« Ohne lange nachzudenken, nickt Joe. »Gerne!«

Ein Blick des Verkäufers genügt, und er sagt: »85er Ärmel, Kragenweite 40.« Joe ist beeindruckt. »Stimmt genau. Woher wissen Sie das bloß?« »Ich bin ein guter Verkäufer, mein Herr.« Joe, völlig im Kaufrausch, entschließt sich, auch noch neue Unterwäsche zu kaufen. Wieder mustert der Verkäufer ihn kurz und sagt: »6, eher groß.« Joe lacht. »Ha, da hab ich Sie! Ich trage 4, eng geschnitten, seit ich achtzehn bin!« Der Verkäufer betrachtet ihn kurz und meint zweifelnd: »Nein, Sie können nicht 4 eng tragen.« »Wieso nicht?«, fragt Joe. »Ihr Hoden würde so schlimm nach oben gepresst, dass Ihr Rückenmark abgeklemmt würde«, antwortet der Verkäufer. »Sie hätten permanent unerträgliche Kopfschmerzen!«

☆

**Zwei Bullen** stehen einsam auf einer grünen Weide und glotzen vor sich hin. Sagt der eine: »He, Fred!« »Was ist los, Bob?«, fragt der andere. »Hast du keine Angst vor BSE?« »Was is los?« »Ich sagte: Fürchtest du dich nicht davor, dir diesen Rinderwahnsinn einzufangen?« »Wieso? Was haben wir Hühner denn damit zu tun?«

☆

**Im Mathematikunterricht** nimmt die Lehrerin den kleinen Johannes an die Reihe. »Johannes, auf einer Stromleitung sitzen zehn Spatzen. Ein Mann schießt einen von ihnen herunter. Wie viele bleiben noch sitzen?« Johannes muss gar nicht lang überlegen und antwortet: »Keiner, Frau Bosse. Also, wenn der Mann mit seinem Gewehr schießt, dann erschrecken sich die anderen neun Spatzen so sehr, dass sie alle davonfliegen.« Frau Bosse lächelt. »Tja«, sagt sie, »das ist zwar nicht die richtige Antwort, aber mir gefällt, wie du denkst.« »Dann habe ich aber auch eine Frage für Sie, Frau Bosse: Drei Frauen sitzen auf einer Bank. Die eine löffelt langsam ihr Eis, die zweite beißt fast die ganze Kugel auf einmal von ihrem Eis ab, und die dritte leckt genüsslich um das Hörnchen herum. Welche von ihnen ist wohl verheiratet?«, fragt Johannes seine Lehrerin. Frau Bosse überlegt kurz und antwortet schließlich: »Die, die ihr Eis leckt, würde ich sagen.« »Nein«, sagt Johannes. »Die mit dem Ehering. Aber mir gefällt, wie Sie denken.«

☆

**Ein Bauer** bekommt Besuch von einem Verwandten aus der Stadt. Schon an der Hofeinfahrt wird der Mann von einem großen rosa Schwein empfangen, das fröhlich auf drei Beinen durch die Gegend läuft. Der Bauer kommt aus dem

Haus und ruft: »Hallo Peter, hast du's auch mal hier raus geschafft! Komm, ich zeig dir alles.« Er zeigt Peter die Scheune, den Stall, den Kohl und die Salatbeete, und wohin sie auch gehen, das Schwein folgt ihnen auf Schritt und Tritt. Der Stadtmensch wird langsam neugierig. »Sag mal, Franz, was ist denn mit deinem Schwein passiert?«, fragt er. »Das ist ein super Schwein!«, sagt Franz. »Warum?« »Erinnerst du dich noch, als wir vor drei Jahren das große Feuer in der Scheune hatten? Doro, unsere Kleinste, war da drin, als der Brand ausbrach. Und das Schwein, das ist rein und hat sie rausgeholt.« »Oh, dabei hat es dann das Bein verloren, was?« »Nein, aber erinnerst du dich noch an die Sache mit den Viehdieben?« »Ja, schlimme Geschichte!« »Das Schwein hat sie eines Nachts erwischt und im Stall in Schach gehalten, bis die Polizei hier war. Ohne das Schwein hätten wir so viel Geld verloren, dass wir den Hof hätten verkaufen müssen.« »Und bei dem Kampf mit den Dieben hat es sich dann so schlimm verletzt, dass es das Bein verloren hat?« »Nein, aber erinnerst du dich noch an das Hochwasser letztes Jahr?« »Wie könnte ich das vergessen?« »Johann dachte mal wieder, er wäre größer, als er eigentlich ist, und ist schwimmen gegangen. Der Fluss hat ihn einfach mitgerissen. Das Schwein hier ist reingesprungen und hat ihn an Land gebracht.« »Ach, jetzt verstehe ich. Diese Heldentat hat es wohl das Bein gekostet.« »Nö.« »Nicht?«, fragt Peter.

»Was ist denn dann passiert?« »Na ja«, sagt der Bauer, »so ein Schwein isst man ja nicht auf einmal, oder?«

☆

**Ein Mann mit** einer an Besessenheit grenzenden Leidenschaft fürs Jagen geht jede Woche in das nahe gelegene Naturschutzgebiet, um Seeschwalben zu fangen. Eines Tages wird er vom Reservatsaufseher erwischt. »He, Sie dürfen diese Seeschwalben nicht fangen, das ist eine geschützte Art. Was bilden Sie sich denn ein? Was machen Sie denn mit den Tieren?« »Also«, sagt der Mann, »ich nehm sie mit nach Hause, mach sie sauber und grill sie.« »Das ist ganz und gar ausgeschlossen, tut mir Leid«, sagt der Aufseher, »ich werde Sie wohl festnehmen müssen.« Unterwegs zum Quartier des Aufsehers unterhalten die beiden Männer sich. Der Naturschützer ist neugierig und fragt den Mann schließlich: »Und Sie haben wirklich schon einmal eine Seeschwalbe gegessen?« »Klar, schon oft!«, antwortet der Jäger. »Und, wonach schmecken die eigentlich?« »Schwer zu beschreiben«, sagt der Jäger. »Ich würde sagen, wie eine Mischung aus Uhu und Weißkopfseeadler.«

☆

**Im Weißen Haus** ist mal wieder eine von den ganz großen Partys im Gange. In der Bibliothek sitzen bei einem guten Glas Whiskey George W. Bush und Tony Blair zusammen und unterhalten sich angeregt. Ein weiterer Gast hat sich gerade die drei Bücher im Regal angeschaut und fragt schließlich höflich, worüber denn geredet würde. »Oh«, sagt Bush, »wir planen den dritten Weltkrieg.« »Und wie sehen Ihre Pläne dafür aus?«, fragt der Mann. George W. entgegnet: »Wir wollen zwei Millionen Moslems töten und einen Zahnarzt.« Der Mann ist verwirrt. »Wieso wollen Sie denn einen Zahnarzt töten?« Bush wendet sich zu Blair und sagt triumphierend: »Siehst du, was hab ich gesagt, für die Moslems interessiert sich keiner!«

## Böse Worte

World ☆ Gurken ☆ Trade ☆ Currywurst ☆ Center

## Zur Übung

### Aktiv

Ordnen Sie Ihren Freundeskreis in das oben beschriebene Raster der Zuhörer ein. Eliminieren Sie unpassende Typen, vor allem den »Dieb« und den »Pointenkiller«. Laden Sie den »Schenkelklopfer« mal zum Essen ein, und üben Sie, was das Zeug hält, für das erlesene Publikum.

### Kreativ

Schreiben Sie unter Verwendung der fünf bösen Worte ein Haiku über einen schönen Septembertag.

*Jemand, der immer lustig ist, ist etwas Unerträgliches.*

LORIOT

## Tragische Fälle

**Barry:** Welches Thema ist eigentlich als Nächstes dran?

**Amelie:** Es ist wirklich eine Tragödie!

**Barry:** Wieso? Was habe ich denn jetzt wieder falsch gemacht?

**Amelie:** Hättest du das Inhaltsverzeichnis gelesen, dann wüsstest du, was jetzt dran ist.

**Barry:** Und?

**Amelie:** Es ist die Tragödie.

**Barry:** Weißt du eigentlich, in welchem Verhältnis die Komödie zur Tragödie steht?

**Amelie:** Machst du Witze? Ich habe nicht ganz ohne Sinn und Verstand Literatur studiert.

**Barry:** Gut. Du sagst mir deine Definition, und ich sage dir meine!

**Amelie:** Also, die Tragödie ist die dramatische Gestaltung eines Konflikts mit der sittlichen Weltordnung, der das Geschehen zum äußeren oder inneren Zusammenbruch führt, doch nicht unbedingt den Tod des Helden zur Folge haben muss. Die

Komödie hingegen ist die dramatische Gestaltung eines nur scheinbaren Konflikts, der nach Entlarvung der Scheinwerte und Unzulänglichkeiten des Menschenlebens mit heiterer Überlegenheit über menschliche Schwächen gelöst wird.

**Barry:** Aha. Im echten Leben ist eine Tragödie, wenn ich mir den Finger breche. Eine Komödie ist, wenn du in den Fluss fällst und ertrinkst.

**Amelie:** Echte Gebrauchsphilosophie. Damit lässt sich arbeiten. Die Tragödie war mir ohnehin schon immer lieber: Gib mir Deine Hand!

**Barry:** Lass uns doch einfach nur drüber reden. Man muss ja nicht jeden Traum verwirklichen. Aber mir ist natürlich völlig klar, dass du ein ausgeprägtes Verhältnis zu diesem Thema haben musst.

**Amelie:** Sieht man mir meinen Hang zur Dramatik derartig an?

**Barry:** Nein, du hast aber lange genug für die Kirche gearbeitet, und jetzt arbeitest du mit mir. Das Ausmaß dieser Tragödie hast du wahrscheinlich noch nicht erkannt ...

**Amelie:** Ich finde es eher lustig.

**Barry:** DA! Jetzt hast du selbst den Beweis geliefert: Jede Tragödie hat ein lustiges Element.

## Lustige Dinge

**Ein junges Paar** sieht freudig der Geburt seines ersten Kindes entgegen. Die Wehen setzen ein, und in heller Aufregung fahren die werdenden Eltern ins Krankenhaus. Das Kind wird per Kaiserschnitt auf die Welt gebracht, und als die Frau aus der Narkose aufwacht, steht vor ihr ein besorgt blickender Arzt. »Ich muss Ihnen mitteilen, dass Ihr Kind leider einen kleinen Geburtsfehler hat«, verkündet der Doktor. »Das ist uns ganz egal!«, rufen die jungen Leute aus. »Bringen Sie uns zu unserem kleinen Jungen, wir können es nicht erwarten, ihn zu sehen.« Durch einen langen Gang wird das Paar in die Abteilung für deformierte Kinder gebracht. »Sie wollen es sich ganz sicher nicht noch einmal überlegen?«, fragt der Arzt. »Es ist wirklich kein schöner Anblick.« Doch die Eltern sind nicht von der Sehnsucht nach ihrem Kind abzubringen. In einem Bettchen gleich neben der Tür liegt ein Baby ohne Arme. »Oh, unser kleiner Liebling!«, ruft die Mutter und will das Kind schon in die Arme schließen. »Das ist nicht Ihr Kind«, geht der Arzt dazwischen. »Bitte, folgen Sie mir.« Im nächsten Bettchen liegt ein Säugling ohne Arme und Beine. »Ist er das?«, ruft der Vater ungeduldig aus. »Nein, tut mir Leid«, sagt der Arzt und führt sie vorbei an einem Tablett, auf dem nur ein Kopf liegt. »Ist er das?«, ruft die Mutter verzückt, aber wieder schüttelt der Arzt den Kopf und präsentiert dem glücklichen Paar ein Tablett, auf dem ein einsamer Augapfel liegt. Die jungen Leute winken und strahlen und rufen: »Hallo, kleiner Mann, wir lieben dich, schau, wir sind's, Mami und Papi!« »Geben Sie sich keine Mühe«, meint der Arzt. »Er ist blind.«

☆

**»Das war vielleicht** eine Woche!«, stöhnt Edward Teubner, als er mit seinem Kumpel in der Kneipe ein Bier trinkt. »Stell dir vor, am Montag hat mich Andrea verlassen.« »Was? Aber ihr wart doch immer so glücklich zusammen!«, ruft der Freund entgeistert. »Ja«, seufzt Edward. »Aber sie hat einen anderen.« Er trinkt einen guten Schluck. »Und am Dienstag ist mir ein riesiger Auftrag geplatzt, ich bin ruiniert. Seit einem Jahr habe ich nur dafür gearbeitet. Und für Andrea.« Der Freund schüttelt sprachlos den Kopf. »Am Mittwoch hab ich das Auto zu Schrott gefahren«, fährt Edward resigniert fort. »Was, den Z3? Wie konnte das denn passieren? Der war doch ganz neu! Herr im Himmel, was für eine Tragödie!« Der Kumpel muss jetzt auch erst mal einen Schluck trinken. »Es geht ja noch weiter«, sagt Edward. »Am Donnerstag

ist die Katze gestorben. Einfach tot umgefallen. Bums. Vom Bücherregal.« Der Freund bestellt noch zwei Bier und meint ernsthaft berührt: »Das hört sich ja alles schrecklich an. Gab es denn gar nichts Positives?«
»Doch«, räumt Edward ein, »am Freitag. Mein Aidstest.«

☆

**Tommy und Andi** sind zum Spielen verabredet. Weihnachten steht vor der Tür, und natürlich sind die Kinder in höchster Aufregung. »Weißt du schon, was du zu Weihnachten kriegst?«, fragt Tommy.
»Ein Fahrrad«, antwortet Andi. »Und von meiner Oma Socken. Und du?«
»Ich krieg auch ein Fahrrad«, sagt Tommy begeistert. »Und eine Stereoanlage, weißt du, so eine mit Dolby Dings, ja und dann krieg ich noch ein Pony und Reitstunden dazu, damit ich auch auf dem Pony reiten kann. Und in den Ferien fahren wir alle zusammen nach Disneyworld und wohnen in dem großen Mickey-Mouse-Hotel. Dann fahren wir mit dem Wohnmobil zum Grand Canyon und zum Schluss noch zwei Wochen nach Hawaii, und da kann ich dann mit den Delfinen schnorcheln, und wenn wir wieder da sind, dann gehe ich für zwei Wochen auf Reiterferien mit meinem neuen Pony.«

»Booahh ey«, stöhnt Andi, »ich wünschte, ich hätte auch Krebs im Endstadium.«

☆

**In einem kleinen,** verschlafenen Park sitzen zwei Mädchen auf einer Wippe und schaukeln. Das eine ist fünf, das andere gerade sieben Jahre alt geworden. Sie sind schon seit einer Ewigkeit befreundet. Mindestens ein Jahr. Auf einer Bank ganz in der Nähe sitzt ein Mann und sieht den beiden eine Weile zu. Irgendwann steht er auf und spricht die Mädchen an. »Hallo Kleine«, sagt er zu der Älteren. »Wenn ich dir ein Bonbon gebe, darf ich dir dann mal über die Haare streicheln?« Das Mädchen überlegt einen Augenblick, nickt dann und greift in die Bonbontüte. Der Mann streicht ihr übers Haar und fragt dann: »Darf ich dir über die Schultern streichen, wenn ich dir noch ein Bonbon gebe?« Die Kleine überlegt nicht lange, nickt wieder und bedient sich aus der Tüte. Der Mann streicht ihr über die Schultern, die Mädchen wippen und wippen. Schließlich geht der Mann hinüber zur Jüngeren und fragt sie: »Wenn ich dir ein Bonbon gebe, darf ich dann mal deine Haare streicheln?« Das Mädchen nickt, der Mann gibt ihr ein Bonbon, und während sie es auspackt, berührt er ihr Haar. Gerade fragt er sie, ob er auch ihre Schultern anfassen dürfe, da entdeckt er, dass er keine Süßigkeiten mehr hat. »Ich muss schnell noch ein paar Bonbons besorgen, bin gleich wieder da, geht nicht weg, Mädchen, hört ihr?!« Die Mädchen wippen und wippen. Kaum ist er außer Hörweite, sagt die Kleinere der beiden: »Bis der uns poppt, haben wir Karies!«

☆

**Robert, Susi** und Ben kennen sich schon seit der Schulzeit. Robert und Ben sind mittlerweile Kollegen, und Susi hat vor einigen Jahren endlich Ja gesagt, als Ben um ihre Hand angehalten hat.
Eines Tages erhält Susi einen Anruf von Robert aus dem Krankenhaus. »Ben ist einfach zusammengebrochen«, berichtet Robert. »Er hat einen schrecklichen Schlag bekommen und ist mit Blaulicht und Tatütata ins Krankenhaus gebracht worden.«
Als Susi völlig aufgelöst im Krankenhaus eintrifft, erwarten sie der Arzt und Robert mit betretenen Gesichtern. »Lassen Sie mich mit ihr reden!«, sagt Robert zum Arzt. »Ich bringe es ihr schonend bei.« »Robert, wie geht es Ben?«, fragt Susi. Er setzt sich neben sie und nimmt ihre Hand. »Keine guten Nachrichten, Susi, Ben hat ein Blutgerinsel im Gehirn.« »Oh mein Gott!«, entfährt es Susi.

»Wie lautet die Prognose?« »Seine Vitalfunktionen sind stabil. Aber man wird nicht viel machen können. Seine motorischen Fähigkeiten werden nicht wieder funktionieren. Das bedeutet, dass du ihn füttern musst.«
Susi beginnt zu schluchzen. »Du wirst ihn alle paar Stunden in seinem Bett drehen müssen, damit er sich nicht wund liegt.« Susi weint jetzt laut. »Natürlich wirst du ihm Windeln anlegen müssen«, fährt Robert fort, »die müssen ungefähr fünf Mal täglich gewechselt werden. Er hat einfach keine Kontrolle über seine Blase und seinen Darm.« Susi zittert, schluchzt und weint hemmungslos. »Weißt du, es dürfen sich einfach keine Körperflüssigkeiten ansammeln, deshalb muss er regelmäßig gesäubert werden ...« Jetzt ist Susi wirklich nicht mehr zu beruhigen, sie ist geschüttelt von Weinkrämpfen, rutscht von der Bank und sinkt auf dem Boden zu einem Häufchen Elend zusammen. Robert kniet neben ihr nieder und legt ihr beruhigend die Hand auf die Schulter. »He, Susi. Das war doch nur ein Scherz«, sagt er sanft. »Er ist tot.«

☆

**Herr Lustermeier** ist gestorben und hat seiner Frau Elfie eine satte Lebensversicherung hinterlassen. Sie hatten immer bescheiden gelebt und sich nur selten einmal

etwas Ausgefallenes geleistet. Elfie ist ihrem verstorbenen Michi so dankbar für den plötzlichen Geldsegen, dass sie ein Begräbnis erster Klasse bestellt. Nun kann sie es sich ja leisten, und ihr Lieber soll es doch wenigstens jetzt einmal richtig schön haben.
Als sie zum Bestattungsunternehmer Brummer kommt, um noch einmal nach ihrem Michi zu schauen, stellt sie mit Entsetzen fest, dass er in einem braunen Anzug steckt. »Hören Sie, ich habe einen blauen Anzug bestellt, mein Michi hat immer blaue Anzüge getragen, und er wird nicht in einem braunen Anzug auf seine letzte Reise gehen!«, herrscht sie den Bestatter an. »Es ist Sonntag, die Beerdigung ist die erste am Montag Früh, es ist unmöglich, jetzt noch einen anderen Anzug aufzutreiben!«, antwortet Bestatter Brummer. »Es ist mir egal, wie Sie das anstellen, es ist mir auch egal, wie viel das kostet, sehen Sie zu, dass Sie einen blauen Anzug auftreiben. Ich bin in einer Viertelstunde zurück, bis dahin haben Sie das erledigt.« Wumms, hinter Elfie fliegt die Tür zu. Als sie eine Viertelstunde später zurückkommt, liegt ihr Michi da, ganz friedlich in einem schönen blauen Anzug. »Das ist ja hervorragend!«, ruft sie. »Wo haben Sie den denn so schnell hergekriegt?« »Wir haben einfach getauscht«, antwortet Brummer. »Ja, aber das Umziehen in den neuen Anzug, das dauert doch auch ewig ...« »Wir

haben doch nicht die Anzüge getauscht«, antwortet Brummer, »sondern die Köpfe.«

☆

**Ein Zauberer hat** zu Unterhaltungszwecken auf einem Kreuzfahrtschiff angeheuert. Das Publikum ist jede Woche ein anderes, also nimmt er sich die Freiheit, immer wieder die gleichen Tricks vorzuführen. Es gibt nur ein kleines Problem, und das ist der Papagei des Kapitäns. Jede Woche sitzt er auf seiner Stange gleich neben der Bühne. Schon bald kapiert der schlaue Vogel, wie die Tricks des Zauberers funktionieren. Kaum dass er verstanden hat, was auf der Bühne vor sich geht, krächzt er mitten in die Vorführung hinein: »Das ist nicht derselbe Hut, nicht derselbe Hut«, »Er versteckt die Blumen unter dem Tisch, unter dem Tisch« oder »Warum sind denn alle Karten ein Herz-Ass?« Der Zauberer ist rasend vor Wut, aber er weiß nicht, was er gegen den rufschädigenden Vogel unternehmen soll, immerhin gehört er dem Kapitän. Eines Tages rammt das Schiff auf mysteriöse Weise einen Eisberg und sinkt. Der Zauberer überlebt und treibt auf einem Stück Holz mitten im Ozean, bei ihm ist – natürlich – der Papagei. Hasserfüllt starren die beiden sich Tag für Tag an, ohne ein Wort miteinander zu sprechen. Nach einer Woche sagt der Papagei schließlich: »In Ordnung, du hast gewonnen, ich gebe auf. Wo ist das verfluchte Schiff?«

☆

Ray Charles und Stevie Wonder sind nach einem rauschenden Fest in Malibu auf dem Weg nach Hause nach Hollywood. Sie sausen den Highway entlang, fahren in Schlangenlinien von rechts nach links und lustig hin und her. Ein Sheriff auf Streife sieht das Auto schon von weitem nahen, stellt die Sirenen an und hält den offensichtlich verrückten Fahrer an. Er geht hinüber zum Wagen und klopft an die Scheibe. Stevie Wonder kurbelt das Fenster runter und sagt in freundlichstem Ton: »Guten Abend, Officer, wie geht's Ihnen?« Dem Polizisten klappt vor lauter Staunen die Kinnlade herunter, er bringt kein Wort raus, so perplex ist er. Irgendwann stammelt er dann: »Stevie ... Stevie Wonder. Ich kann es kaum glauben. Himmel, wieso fahren Sie dieses Auto?« Stevie deutet mit dem Daumen auf Ray Charles neben sich und sagt: »Was sollte ich denn machen? Unser Kumpel hier hat ja den ganzen Abend gesoffen.«

## Böse Worte

Sonne ☆ Beachball ☆ Wecker ☆ Amoklauf ☆ Arschloch

## Zur Übung

### Aktiv

Nehmen Sie sich fest vor, nicht zu lachen, wenn Ihr bester Freund Ihnen das nächste Mal von seinen Problemen erzählt.

### Kreativ

Verwenden Sie für Ihren Aufsatz »Mein schönstes Ferienerlebnis« die fünf bösen Worte.

*Trost (Subst., mask.): Das Wissen, dass ein besserer Mensch schlechter dran ist als man selber.*

AMBROSE BIERCE

## Nichts für Schwarzseher

**Barry:** Ich glaube, ich wäre jetzt bereit, mal ein ernstes Thema zu besprechen. Wie wäre es denn beispielsweise mit »Rassismus«?

**Amelie:** Meinst du wirklich, wir sollten uns in aller Öffentlichkeit über Minderheiten lustig machen? Die ganze Welt wird sich auf den Schlips getreten fühlen, und der Verlag wird uns ein ganzes Kapitel streichen!

**Barry:** Wir machen uns ja auch nicht über Minderheiten lustig, sondern über die ganze Welt.

**Amelie:** Aber rassistische Witze zu machen ist ...

**Barry:** ... ist, über Leute zu reden, die sich nicht wehren können!

**Amelie:** Das ist richtig kolonialistisches Verhalten.

**Barry:** Das ist ja auch der Sinn von Rassismus.

**Amelie:** Ich weiß nicht. Die Menschen versuchen doch andauernd, über ihren inneren Rassismus hinwegzukommen. So weit ist unsere Gesellschaft ja inzwischen schon. Immerhin sitzen wir beide hier auch zusammen – obwohl du Amerikaner bist.

**Barry:** Was ist denn bitte an den Amerikanern so verkehrt?

**Amelie:** Ihr seid laut, ihr erwartet, dass jeder mit euch Englisch spricht, und ihr glaubt, dass euch die ganze Welt gehört.

**Barry:** Stimmt. Die Sache ist bloß: Uns gehört die ganze Welt. Es ist gerade mal 25 Jahre her, dass wir den Deutschen ihr Land zurückverkauft haben.

**Amelie:** Diese Einstellung zeugt nicht unbedingt von guten Manieren. Aber das sollte ich dir vielleicht nicht zum Vorwurf machen, die Deutschen benehmen sich ja genauso.

**Barry:** Was, sie sprechen überall Englisch?

**Amelie:** Das würden sie vielleicht, wenn sie glaubten, Englisch wäre eine Weltsprache.

**Barry:** Du hast schon Recht, die Deutschen und die Amerikaner nehmen sich nichts. Wenn es einen Wettbewerb geben würde, wer die verhasstesten Touristen der Welt sind, gäbe es vermutlich einen doppelten ersten Platz. So sieht es aus.

**Amelie:** Findest du nichts Gutes an den Deutschen?

**Barry:** Doch, Käsespätzle!

**Amelie:** Und die Amerikaner sind auch nicht so schlimm, sie haben immerhin Coca-Cola erfunden.

**Barry:** Außerdem hat Deutschland eine Reihe großer Philosophen hervorgebracht. Und Amerika hat große ...

**Amelie:** ... Waffen.

**Julius (mit österreichischem Akzent):** Noch zwei White Russian für die Kreativität, die Herrschaften?

**Amelie:** Ja, ich glaube, die brauchen wir jetzt. Wir stecken gerade in einem mittelgroßen Rassenkonflikt.

**Julius:** Ja, das hat es in Österreich auch mal gegeben.

**Barry:** Und Gott sei Dank haben die Österreicher ihr Rassenproblem inzwischen überwunden!

# Lustige Dinge

**Die Welt ist** wirklich am Ende: Der beste Rapper ist weiß, der beste Golfer ist ein Schwarzer, die besten Segler kommen aus der Schweiz, Frankreich nennt andere Staaten arrogant, und Deutschland verweigert den Krieg.

☆

**Ein Sheriff in** Texas fährt seine tägliche Streife. An der Hauptkreuzung der Stadt sieht er auf dem Bürgersteig in einer riesigen Blutlache die Leiche eines schwarzen Mannes liegen - durchbohrt von mindestens 43 Kugeln. Der Sheriff rückt seinen Stern zurecht, kratzt sich am Kopf und sagt: »Mann, das ist wirklich der beeindruckendste Selbstmord, den ich je gesehen habe!«

☆

**Auf einem Transatlantikflug** der American Airlines fällt ein Triebwerk aus. Das Flugzeug sinkt in enormer Geschwindigkeit, es wackelt und schaukelt, und aus der Kabinendecke fallen die Sauerstoffmasken. Der Kapitän meldet sich über Funk: »Meine Damen und Herren, hier spricht Ihr Kapitän. Wir haben leider den Ausfall eines

Triebwerks zu melden. Ich bitte Sie, Ruhe zu bewahren, es wird nichts passieren, wir werden unser Ziel sicher erreichen. Allerdings ist das Flugzeug zu schwer. Wir haben uns daher entschieden, uns von einigen Passagieren zu trennen. Gerechtigkeitshalber werden wir alphabetisch vorgehen.« Der Co-Pilot tritt mit ernster Miene aus dem Cockpit und fragt: »Ist hier jemand aus Afrika?« Keine Hand hebt sich. »Irgendwelche Afro-Amerikaner an Bord?«, fragt der Co-Pilot. Niemand rührt sich. »Jemand aus Botswana?« Wieder keine Reaktion. »Irgendwelche Farbigen?« Niemand. Ein sehr dunkelhäutiger kleiner Junge zupft seinen Vater am Ärmel und flüstert: »Aber Papa, sind wir keine Farbigen?« »Nein, mein Schatz«, sagt der Vater. »Wir sind Neger ... und bis er bei ›N‹ angelangt ist, sind wir Zulu.«

☆

**Franz Hubermann,** seines Zeichens Versicherungsmakler, muss geschäftlich nach Warschau. Er stellt seinen Wagen auf einem großen Parkplatz ab, holt seine Tasche aus dem Kofferraum und schließt ab. Gerade will er sich auf den Weg machen, da kommt ein Junge auf ihn zu. »Hey Mann, gib mir zehn Euro und deinem Auto passiert nichts.« Hubermann guckt ihn kurz an, dreht sich rum und haut mit voller Wucht gegen die Fahrertür. Ein riesiger belgischer Schäferhund springt drinnen wild kläffend gegen die Scheibe, bleckt die Zähne und tobt. »Ich glaube, mein Auto ist verdammt sicher, was meinst du?«, sagt Hubermann herablassend. »Oh«, sagt der Junge. »Kann er auch Feuer löschen?«

☆

**Ein Türke und** ein Deutscher sitzen gemeinsam in der Todeszelle in Singapur. Der Tag der Hinrichtung kommt, der Wärter führt zuerst den Türken ab. Um dem Gefangenen das Gefühl von Demokratie zu geben, darf der Mann seine Todesart frei bestimmen. Er kann zwischen dem elektrischen Stuhl, der Giftspritze und der Gaskammer wählen. Der Türke überlegt nicht lang und wählt den elektrischen Stuhl. Der Vollzugsbeamte drückt das rote Knöpfchen, das den Türken ins Jenseits befördern soll, aber nichts passiert. Er drückt noch einmal, wieder nichts, der Türke sitzt noch immer fidel auf seinem Platz. Der Mechaniker kommt, um den Stuhl zu reparieren, aber auch der dritte Versuch schlägt fehl. Man ist sich einig, dass es sich hier um göttliche Fügung handelt, und erlässt dem Türken die Todesstrafe. »Nur kleine Tipp«, flüstert er dem Deutschen zu, als er

zurück in die Zelle kommt, »elektrische Stuhl is kaputt, verstehstu?«
Kurz darauf wird auch der Deutsche abgeführt. Und auch er darf seine Todesart wählen, er überlegt kurz und sagt dann: »Ich nehme die Giftspritze, der elektrische Stuhl ist ja anscheinend kaputt.«

☆

**Eines Morgens** klopft es an die Himmelspforte. Noch ganz mitgenommen von den Feiern der letzten Nacht, schlurft Petrus an die Tür und macht auf. Draußen steht mit bittendem Blick ein kleiner Pakistani. Petrus dreht sich rum und ruft ins Haus hinein: »He, Leute, hat hier jemand ein Taxi bestellt?«

☆

**Ein Italiener geht** in die Disco. Er trägt sein Lieblings-T-Shirt. Darauf steht: »Deutsche haben 3 Probleme«.
Es vergehen kaum zehn Minuten, da kommt der erste kahlköpfige Deutsche auf den Italiener zu und fragt: »Ey Alter, was soll das denn heißen ›Deutsche haben 3 Probleme‹, hä?« »Siehst du, *bello*, das ist euer erstes Problem. Ihr seid viel zu neugierig!«

Der Italiener hat gerade angefangen, mit ein paar hübschen Frauen zu flirten, da ist die Glatze mit einem Kumpel an seiner Seite wieder zurück. Die beiden packen ihn am Arm und pöbeln ihn an: »Was willst du uns erzählen, Alter, wir wären neugierig. Willst du Ärger?«
»Seht ihr, *ragazzi*, das ist euer zweites Problem. Ihr seid viel zu aggressiv!«, sagt der Italiener ruhig und geht zurück auf die Tanzfläche, um noch ein bisschen Spaß zu haben.
Nach einer Stunde verlässt er die Disco, in jedem Arm eine süße Schnecke. Draußen warten fünf Männer in Bomberjacken und Springerstiefeln. Alle ziehen ihr Messer. Sagt der Italiener: »Seht ihr, *cazzi*, das ist euer drittes Problem. Ihr kommt mit Messern zu einer Schießerei.«

☆

**Die beiden Brüder** Dodo und Jamba betreiben mit ihrem alten, zerbeulten Lastwagen ein kleines Transportunternehmen in Oberhausen. Sie holen Gartenabfälle ab, liefern Werkzeuge und andere Dinge aus, und oft holen sie einfach Sperrmüll ab und transportieren das Zeug zur Deponie. Wieder mal haben sie den Wagen bis oben hin mit Teppichen, Tischen und Regalen, Ästen und Kleinzeug voll geladen und wollen gerade auf die Schnellstraße abbiegen, da bemerkt Dodo, dass sie immer wieder Teile der Ladung verlieren, die dann im hohen Bogen auf die Fahrbahn fliegen. »He, Jamba, da fliegt Müll weg von Haufen. Musst du mal rausgehen und dich oben drauflegen.« Dodo fährt rechts ran, und Jamba steigt aus. Er klettert auf die Ladefläche und legt sich oben auf den Haufen, um die Sachen zusammenzuhalten. Er ist ein großer, dünner Kenianer, und seine Arme und Beine reichen bis in alle vier Ecken.

Auf dem Weg zur Mülldeponie werden sie von einem Ehepaar in einer weißen S-Klasse überholt. Der Mann geht vom Gas und glotzt den schaukelnden LKW an. »Guck mal, Martha«, sagt er zu seiner Frau, »da hat jemand einen ganz neuen Neger weggeworfen!«

## Böse Worte

LKW ☆ Pitbull ☆ Ziegelstein ☆ Peitsche ☆ Ohr

## Zur Übung

### Aktiv

Greifen Sie die Herausforderung beim Schopfe und suchen Sie sich einen ausländischen Freund. Nationalität spielt keine Rolle. Bringen Sie ihm ausländerfeindliche Parolen bei.

### Kreativ

Schreiben Sie unter Verwendung der fünf bösen Worte ein Geburtstagsständchen zum neunzigsten Geburtstag Ihrer Großmutter.

*In unserer Zeit wird viel von Ironie und Humor geredet, besonders von Leuten, die nicht vermocht haben, sie praktisch auszuüben.*

SØREN KIERKEGAARD

## Deutschland sitzt auf dem Sofa und nimmt übel, Amerika schießt vorsichtshalber

**Amelie:** Sollen wir auch Witze über die Tagespolitik machen?

**Barry:** Hm, das Buch soll doch auch in vier Jahren noch aktuell sein. Wir können ja ein paar Seiten frei lassen, die kann dann jeder selbst mit Bleistift ausfüllen.

**Amelie:** Man muss das Kapitel ja nicht »Politik« nennen. Wir können es doch auch »Zeitgeschichte« betiteln. Es ist schließlich schon eine Weile her, dass überall, wo »Nutella« draufstand, auch »Nutella« drin war.

**Barry:** Ja, offensichtlich. Amerika nennt sich ja auch Demokratie ... Zeitgeschichte also. Da könnte ich dir glatt ein paar Witze aus der frühen Geschichte des 21. Jahrhunderts erzählen. Was ist denn zum Beispiel der Unterschied zwischen Bush und Hitler?

**Amelie:** Und? Was ist der Unterschied?

**Barry:** Hitler hatte das bessere Wahlergebnis.

**Amelie:** Ach, ich dachte, der Unterschied wäre, dass Hitler ein Buch geschrieben hat. Ich frag mich allerdings, ob er auch mal ein Buch gelesen hat.

**Barry:** Man sagt, dass er nur ein einziges Mal versucht hat, ein Buch zu kaufen, und dann hat die Verkäuferin gefragt: ›Soll ich's einpacken oder gleich verbrennen?‹ Muss ein einschneidendes Erlebnis gewesen sein ...

**Amelie:** Und das hat ihn veranlasst, selber zu schreiben?

**Barry:** Glaube ich nicht. Wahrscheinlich wollte er endlich als Künstler anerkannt werden. So wie wir.

**Amelie:** Willst du uns jetzt mit Hitler vergleichen?

**Barry:** Ich dachte eigentlich eher, mit einer der späteren Reformbewegungen – wie die RAF zum Beispiel.

**Amelie:** Was weißt du denn über die RAF?

**Barry:** Ich weiß, dass ihr Dienstwagen ein BMW war.

**Amelie:** Was ist denn das für ein Quatsch? Die wären doch nie im Leben in so einer Kapitalistenschleuder rumgefahren!

**Barry:** Wieso? Ich dachte, BMW steht für Baader-Meinhof-Wagen.

**Amelie:** Jaja, und VW steht für Volks-Waffe.

**Barry:** Das wäre ja typisch deutsch, dass ein Auto die Volkswaffe sein soll. In Amerika nimmt man dafür einfach eine Pistole, die kann sich wenigstens jeder leisten.

**Amelie:** Oh, dahin geht also Schröders Sozialpolitik, jeder soll sich eine Pistole leisten können?

**Barry:** Das würde jedenfalls diverse Probleme eliminieren.

**Amelie:** Um Probleme zu eliminieren, gibt es ja viele schöne Möglichkeiten. Kennst du zum Beispiel den Witz, wo Schröder mit einem Seil in der Hand in den Wald geht?

**Barry:** Nein. Endlich mal ein Witz, den ich nicht kenne!

**Amelie:** Ich auch nicht, aber wär doch ein guter Anfang, oder?

## Lustige Dinge

**Auf einer Propaganda**-Tournee durch Amerika besucht Präsident George W. Bush eine Schule und erklärt dort den Schülern seine Regierungspolitik. Im Anschluss an seine Rede bittet er die Kinder, Fragen zu stellen. Ein kleiner Junge in der ersten Reihe meldet sich eifrig. »Wie heißt du denn, mein Junge?«, fragt George W. »Bob«, sagt der Kleine und fährt fort: »Herr Präsident, ich habe drei Fragen:

1. Wie haben Sie, obwohl Sie bei der Stimmenauszählung verloren haben, die Wahl trotzdem gewonnen?
2. Warum wollen Sie den Irak ohne Grund angreifen?
3. Denken Sie nicht, dass die Bombe auf Hiroshima der größte terroristische Anschlag aller Zeiten war?«

In diesem Moment läutet es, und alle Schüler laufen aus dem Klassenzimmer. Als sie aus der Pause zurückkommen, lädt Präsident Bush erneut ein, Fragen zu stellen, und ein anderer Junge meldet sich. »Wie heißt du denn, mein Junge?«, fragt Bush. »Joey«, antwortet dieser und sagt: »Herr Präsident, ich habe fünf Fragen:

1. Wie haben Sie, obwohl Sie bei der Stimmenauszählung verloren haben, die Wahl trotzdem gewonnen?
2. Warum wollen Sie den Irak ohne Grund angreifen?
3. Denken Sie nicht, dass die Bombe auf Hiroshima der größte terroristische Angriff aller Zeiten war?
4. Warum hat es heute 20 Minuten früher zur Pause geklingelt?
5. Wo ist eigentlich Bob?«

☆

**Churchill sagte einmal:** »Ich sammle all die Witze, die Leute über mich machen.« »Was für ein Zufall«, sagte Stalin. »Ich sammle all die Menschen, die Witze über mich machen!«

☆

**Zwei palästinensische** Frauen machen sich zurecht, um zum Basar zu gehen. Fragt die eine die andere: »Findest du, die Bombe macht einen dicken Hintern?«

☆

**Wir schreiben das** Jahr 2032. Ein Vater geht mit seinem Sohn durch die Straßen von Manhattan. Plötzlich bleibt der Vater an einem großen leeren Platz stehen, holt tief Atem und sagt zu seinem Sohn: »Wenn man sich vorstellt, dass hier einst die Twin Towers gestanden haben ...« Der Sohn schaut seinen Vater mit großen Augen an und fragt: »Dad, was sind die Twin Towers?« Der Vater antwortet: »Mein lieber Junge, die Twin Towers waren zwei riesig große Gebäude, voll mit Büros und Menschen. Man hat immer gesagt, sie seien das Herz Amerikas. Aber vor ungefähr 31 Jahren haben einige Araber die beiden Türme zerstört.« Für einen Moment schweigt der Junge, schaut dann seinen Vater wieder mit großen Augen an und fragt schließlich: »Dad, was sind Araber?«

☆

**Eines Nachmittags,** Stoiber lässt sich gerade gemütlich mit seiner Limousine durch München kutschieren, da sieht er am Straßenrand zwei merkwürdige Männer sitzen und Gras essen. Er bedeutet seinem Fahrer anzuhalten und steigt aus, um sich die Sache mal genauer anzuschauen. Stoiber fragt die beiden Männer: »Warum essen Sie denn Gras?«

»Wir haben kein Geld, um uns was zu essen zu kaufen«, antwortet der eine. »Oh, bitte, dann kommen Sie doch mit zu mir«, insistiert Stoiber.

»Aber mein Herr, ich habe doch auch noch meine Frau und drei Kinder hier!«, wendet der Mann ein.

»Bringen Sie sie mit!«, antwortet Stoiber.

»Und was ist mit meinem Freund?«, fragt der Mann.

»Bringen Sie ihn mit«, sagt Stoiber.

»Aber ich habe eine Frau und sechs Kinder!«, ruft der Freund.

»Sollen alle mitkommen!«, posaunt Stoiber launig, als er sich auf den Weg zurück zur Limo macht. Alle klettern an Bord des Wagens, und unterwegs sagt einer der armen

Teufel: »Wissen Sie, es ist wirklich zu gütig, dass Sie uns alle mit zu sich nach Hause nehmen.«
»Ist mir ein Vergnügen«, sagt Stoiber. »Sie werden es herrlich finden bei mir, das Gras ist inzwischen fast zwanzig Zentimeter hoch!«

☆

**Kofi Annan ruft** völlig aufgebracht bei Colin Powell an: »Sagen Sie, ich will ja nicht Ihre Kompetenz in Zweifel ziehen, aber wie können Sie eigentlich so überzeugt davon sein, dass es im Irak Massenvernichtungswaffen gibt?« »Was für eine naive Frage«, antwortet Powell ungeduldig, »wir haben selbstverständlich die Quittungen aufgehoben.«

## Böse Worte

anmaßend ⭑ Handfertigkeit ⭑ Masturbation
Unregelmäßigkeit ⭑ Penis

## Zur Übung

### Aktiv

Schauen Sie sich eine ganze Bundestagsdebatte an, ohne einzuschlafen.

### Kreativ

Schreiben Sie unter Verwendung der fünf bösen Worte eine Hommage an Ihre Lieblingspartei.

*Drei Dinge helfen, die Mühseligkeit des Lebens zu tragen: die Hoffnung, der Schlaf und das Lachen.*

IMMANUEL KANT

## Über Gut und Böse

**Barry:** Unglaublich, dass wir bis Lektion acht gekommen sind, ohne zu streiten.

**Amelie:** Was? Wir haben uns ja wohl andauernd gestritten!

**Barry:** Wir haben doch nicht gestritten. Wir waren einfach nicht einer Meinung und überhaupt, du hattest Unrecht.

**Amelie:** Ja, du hast Recht.

**Barry:** Das gibst du einfach so zu?

**Amelie:** Der Klügere gibt nach.

**Barry:** Es geht im Leben nicht um Klugheit und Dummheit - es geht um den Kampf zwischen Gut und Böse.

**Amelie:** Wie gut, dass ich weiß, auf welcher Seite ich bin.

**Barry:** Also wirklich! So zu tun, als gehörte man zu den Guten, ist wohl der älteste Trick der Bösen, sich zu tarnen.

**Amelie:** Ich habe nie gesagt, dass ich zu den Guten gehöre, sondern nur, dass ich weiß, auf welcher Seite ich bin.

**Barry:** Und ich hatte wirklich gehofft, wir sind auf der gleichen Seite.

**Amelie:** Tja. Hoffnung ist das letzte Opfer in einem Krieg.

**Barry:** Du suchst wirklich Streit, was?

## Lustige Dinge

**Was bekommt man,** wenn man einen Pitbull mit einem Collie kreuzt? Einen Hund, der dir erst ein Bein abbeißt und dann rennt, um Hilfe zu holen.

☆

**Zwei Schweizer** gehen auf Sonntagsjagd. Plötzlich greift sich der eine an die Brust und kollabiert. Er scheint nicht mehr zu atmen, und seine Augen verdrehen sich. In völliger Hektik greift sich der andere sein Handy und wählt 112. »Ich glaube, Urs ist tot, was soll ich bloß tun?«, schreit er verzweifelt ins Telefon. Die Frau am anderen Ende sagt in beruhigendem Tonfall: »Zunächst atmen Sie einmal tief durch, und dann folgen Sie meinen Anweisungen. Also, erst mal müssen Sie sichergehen, dass er wirklich tot ist.« Stille. Dann ist ein Schuss zu hören. Der Mann kommt zurück ans Telefon: »Okay, und jetzt?«

☆

**Ein Mann und** ein Junge gehen im Wald spazieren. Langsam wird es dunkel und kalt, schließlich bricht die Nacht herein. Den Jungen schaudert, und er sagt: »Mir ist kalt, und außerdem habe ich Angst.« »DU hast Angst!?«, fragt der Mann. »Was soll ich denn sagen, ich muss den ganzen Weg alleine zurück!«

☆

**An einem Fensterplatz** in der Aussichtsbar des Chrysler-Buildings sitzt ein Mann und trinkt Wodka. Einen nach dem anderen. Die Bar ist sonst völlig leer, nur der Barkeeper poliert seine Gläser, und ein deutscher Tourist sitzt an der Theke und schaut müde in sein Bier. Nach dem fünften Wodka beginnt der Mann am Fenster seltsame Geräusche zu machen. »Ja, ich kann es!«, sagt er immer wieder. »Ja, ja, ich spüre es, ich kann es!«, wiederholt er auch nach dem achten Wodka. »Jetzt, ja jetzt!«, schreit er nach dem zehnten, nimmt Anlauf und springt durch das geschlossene Fenster hinaus aus dem 106. Stock. Der deutsche Tourist ist schockiert, schaut immer wieder vom Loch in der Scheibe zum Barkeeper, der unerschrocken weiter seine Gläser abtrocknet. »Jetzt brauche ich auch erst mal einen Wodka!«, sagt der Tourist. Da kommt durch die Tür völlig unversehrt der Mann wieder herein. »Was ... wie ... wie haben Sie denn das gemacht?«, stottert der Deutsche in gebrochenem Englisch. »Das ist ganz einfach«, antwortet der Mann, »Sie müssen nur zehn Wodka trinken, dann ist das kinderleicht.« Das will der Deutsche selber ausprobieren, er bestellt sich noch einen Wodka. Kippt ihn, bestellt noch einen. Nach dem fünften beginnt es in seinen Zehen zu kribbeln, nach dem sechsten spürt er eine unmäßige Kraft in sich, nach dem achten ruft er: »Ja, ja, ich spüre es, ich kann es!« Nach dem zehnten nimmt er Anlauf und springt aus dem Fenster. Sagt der Barkeeper zu dem Mann am Fensterplatz: »Wenn du besoffen bist, kannst du ein echtes Arschloch sein, Superman.«

☆

**Was ist der** Unterschied zwischen Kartoffeln und belgischen Kindern? Die Kartoffeln sind zuerst unter der Erde und dann im Keller.

**Ein großer, finster** dreinblickender Straßenkünstler auf einem vier Meter hohen Einrad ist in voller Fahrt unterwegs ins Finale seiner Show, als mitten in seine Vorstellung eine Ente gewatschelt kommt. »Hast du Korn?«, fragt die Ente den Künstler. »Nein!«, antwortet der Einradfahrer, und die Ente – platsch, platsch – watschelt davon. Am nächsten Tag, der Künstler ist gerade dabei, sich vor dreihundert Leuten aus einer Zwangsjacke zu befreien, taucht die Ente wieder auf. »Hast du Korn?«, fragt sie. »Nein«, stöhnt der Künstler und widmet sich wieder seiner Arbeit. Als er an die schwierige Stelle mit dem Einrad, den brennenden Fackeln und dem Apfel kommt, ist die Ente wieder da. »Hast du Korn?« Dem Mann platzt der Kragen. »Nein, ich habe kein Korn, und wenn du mich noch ein Mal fragst, nagel ich dich an den nächsten Baum, klar?« Am Tag darauf, gleich nach einer richtig erfolgreichen Vorstellung, ist die Ente wieder da. »Hast du Nägel?«, fragt die Ente. »Nein!«, blafft der Künstler. »Gut«, sagt die Ente. »Hast du Korn?«

## Böse Worte

Selbstmord ☆ Liebe ☆ Hollywood ☆ Brief ☆ Bombe

## Zur Übung

### Aktiv

Kaufen Sie dem Sohn Ihres besten Freundes, Ihren Neffen und Nichten und anderen Patenkindern eine Spielzeugmotorsäge mit Verstärker. In der anschließenden Diskussion mit den Eltern zum Thema »Gut und Böse« verweisen Sie guten Gewissens auf Kapitel 8 Ihres Selbstlernkurses in schwarzem Humor.

### Kreativ

Schreiben Sie unter Verwendung der fünf bösen Worte eine Kurzgeschichte über endlose Liebe und vernichtenden Terror, über nie enden wollenden Herzschmerz und eine geteilte Stadt.

*Humor ist die Droge, die am liebsten missbraucht wird.*

William Schwenck Gilbert

## Es gibt zwei Strategien, wie man mit Frauen streitet. Keine funktioniert

**Barry:** Ich habe gerade noch mal das Inhaltsverzeichnis gelesen. Wusstest du, dass als Nächstes Sexismus auf dem Programm steht?

**Amelie:** Ja, allerdings. Und du kannst mir glauben, dass ich diesem Thema mit gemischten Gefühlen entgegensehe.

**Barry:** Warum? Willst du nichts über die Vorurteile des anderen Geschlechts lernen?

**Amelie:** Ich glaube eigentlich nicht, dass ich noch irgendwas über Sexismus lernen muss, um ganz ehrlich zu sein.

**Barry:** Tatsächlich? Glaubst du, du weißt alles über Sexismus?

**Amelie:** Ich weiß zumindest, was es bedeutet, unterdrückt zu werden.

**Barry:** Oh, du bist ja auch schwarz, das habe ich ganz übersehen ...

**Amelie:** Jetzt mal im Ernst, du willst mir doch hier nicht mit der Emanzipationsgeschichte kommen? Frauen haben es immer noch superschwer.

**Barry:** Was willst du denn? Frauen sind doch inzwischen in wirklich allen Bereichen vertreten: Krankenschwestern, Gynäkologinnen, Nonnen. Und dann schau dich doch selber an, du willst Komiker werden! Wenn das kein Einbruch in eine männliche Domäne ist!

**Amelie:** Was meinst du jetzt genau mit »männlicher Domäne«?

**Barry:** Na ja, glaubst du wirklich, dass Frauen lernen können, lustig zu sein?

**Amelie:** Du gehörst wohl auch zu denen, die denken, Frauen haben kein Gehirn, nur weil sie keinen Schwanz haben, in dem sie es herumtragen können.

**Barry:** Hey, so ein Kommentar, das lässt hoffen! Vielleicht war es keine schlechte Idee, ein Gesetz zu erlassen, das Frauen erlaubt, sich überall einzumischen.

**Amelie:** Was, bin ich hier die Quotenfrau in diesem Buch?

**Barry:** Wenn du die Quotenfrau bist, dann haben wir ja die Gleichberechtigung erreicht.

# Lustige Dinge

**Wie nennt man** einen Mann in Salzsäure? Eine gute Lösung.

☆

**Das Mädchen ist,** wie Vierjährige eben so sind: niedlich, inquisitorisch und auch sonst ziemlich helle. Als sie mit ihrem Vater auf das Thema Heiraten zu sprechen kommt, entschließt sich der Herr Papa, zur bildlichen Verdeutlichung der Institution Ehe das Hochzeitsalbum herauszuholen. Seite um Seite zeigt er dem Kind die Bilder. »Da kommt die Braut zur Kirche, siehst du, und das war der Hochzeitsmarsch, dies die Zeremonie, und hier, das ist der gemeinsame Auszug aus der Kirche, und schließlich der Empfang ... So, verstehst du jetzt, was es mit dem Heiraten auf sich hat?«, fragt er die Tochter. »Ich glaube schon«, antwortet sie. »Damals hat Mama angefangen, für uns zu arbeiten.«

☆

**Der Unterschied** zwischen Mann und Frau in aller Kürze: Ein Mann fährt eine kurvige, enge Bergstraße hinauf.

Eine Frau kommt ihm entgegengefahren. Als sie einander passieren, lehnt sich die Frau aus dem Fenster und schreit: »Schwein!« Ohne zu zögern, brüllt der Mann zurück: »Zicke!« Beide fahren weiter. Hinter der nächsten Kurve rast der Mann in ein riesiges Schwein, das mitten auf der Straße steht.

☆

**Warum nennen** so viele Männer ihre Frauen Schatzie? Weil sie sich nicht entscheiden können, ob sie zu ihr Schaf oder Ziege sagen sollen.

☆

**Er: »Wenn ich** gewusst hätte, dass du noch Jungfrau bist, hätte ich mir ein bisschen mehr Zeit gelassen.«
Sie: »Oh, wenn ich gewusst hätte, dass du mehr Zeit hast, hätte ich mir die Strumpfhose ausgezogen.«

☆

**Zwei Freundinnen** unterhalten sich über die neuesten sexuellen Praktiken. »Kennst du schon die Rodeo-Stellung?«, fragt die eine.

»Nee«, antwortet die andere. »Wie geht die?«
»Also, du bist oben, und wenn ihr gerade richtig gut dabei seid, dann lehnst du dich vor und flüsterst ihm sanft ins Ohr: ›Ach übrigens, ich bin HIV-positiv.‹ Und dann mal sehen, wie lang du oben bleibst ...«

☆

**Folgende Anzeige** war neulich im »Atlanta Journal« zu lesen:
»Einsame Schwarze sucht männliche Gesellschaft, Rasse unwichtig. Ich bin ein sehr gut aussehendes Mädchen, das gerne spielt. Ich liebe lange Waldspaziergänge, Ausflüge in deinem Pick-up, Jagen, Campen, Angeln und möchte in langen Winternächten vor dem Kamin liegen. Bei einem Candlelight-Dinner fresse ich dir glatt aus der Hand. Fass mich richtig an, und du wirst dich darüber freuen, wie anschmiegsam ich bin. Ich stehe an der Tür, wenn du nach Hause kommst, nackt wie Gott mich schuf. Küss mich, und ich gehöre dir. Ruf 2921622 an und frag nach Daisy.«
Über 15 000 Männer riefen bei der städtischen Wohlfahrt an und fanden sich in einem Gespräch über einen acht Wochen alten Labrador wieder.

**»Wenn du mit** mir auf die Toilette kommst, dann blas ich dir einen«, sagt sie. »Na, toll!«, antwortet er, »dann hast du deinen Spaß gehabt, und was ist mit mir?«

☆

**Nach einem Arztbesuch** kommt ein Mann nach Hause und erzählt seiner Frau, er habe nur noch 24 Stunden zu leben. »Was wünschst du dir an deinem letzten Tag?«, fragt seine Frau. Er druckst eine Weile herum, bittet sie aber schließlich, noch einmal mit ihm zu schlafen. Sie ist natürlich einverstanden, und sie gehen miteinander ins Bett. Sie lieben sich, schlafen erschöpft ein. Der Mann wacht auf und sagt zu seiner Frau: »Schatz, weißt du, die Zeit rennt mir davon. Meinst du, wir könnten es noch mal machen?« Natürlich hat die Frau nichts dagegen, und sie schlafen noch einmal miteinander. Später, sie liegen müde nebeneinander, da schaut er auf die Uhr und sieht, dass ihm nur noch acht Stunden bleiben. Er rüttelt seine Frau an der Schulter und fragt: »Schatz, bitte, nur noch einmal, bevor ich sterbe ...!« »Natürlich, mein Liebling«, sagt sie, und sie vögeln zum dritten Mal an diesem Tag. Völlig ermattet dreht die Frau sich anschließend um und schläft sofort ein. Der Mann jedoch, besorgt wegen seines bevorstehenden Todes, ist unruhig und wälzt sich so lange von einer Seite auf die andere, die Uhr läuft, der Sekundenzeiger tickt, draußen graut bereits der Morgen. Er rutscht auf die Bettseite seiner Frau und tippt sie vorsichtig an. »Schatz«, flüstert er, »meinst du, wir könnten vielleicht ...?« Da setzt sich die Frau im Bett auf und sagt: »Jetzt reicht's aber, einer von uns beiden muss schließlich morgen Früh aufstehen!«

☆

**Es ist Freitagnachmittag.** Emma und Nick sitzen zusammen und unterhalten sich, als es an der Tür klingelt und ein Bote einen riesigen Strauß Blumen für Emma abgibt. »O nein«, sagt sie. »Jetzt kann ich wieder das ganze Wochenende mit den Beinen in der Luft verbringen!« Nick fragt: »Wieso? Hast du keine Vase?«

## Böse Worte

Mörder ☆ Axt ☆ Badewanne ☆ Kühlschrank
Kochbuch

## Zur Übung

### Aktiv

Besuchen Sie einen feministischen Gesprächskreis oder eine Selbsthilfe-Männergruppe und versuchen Sie mindestens einen diskriminierenden Witz zu erzählen, bevor man Sie hinauswirft. Stellen Sie einen Bekannten vor der Tür ab, der im Notfall den Krankenwagen rufen kann.

### Kreativ

Schreiben Sie unter Verwendung der fünf bösen Worte Ihr erstes Drehbuch, treffen Sie Stephen King und schlagen Sie ihm ein Gemeinschaftsprojekt vor.

*Ich hoffe, das Leben ist kein Witz.*
*Ich verstehe es nämlich nicht.*

UNBEKANNT

## Bück dich, Fee, Wunsch ist Wunsch

**Barry:** Also, wie ist das mit dir, hast du irgendwas zum Thema Sex zu sagen, oder darfst du da gar nicht drüber sprechen?

**Amelie:** Doch, seit meine Mutter gestorben ist schon.

**Barry:** Oh, wann war das?

**Amelie:** Als ich sieben war.

**Barry:** Sexuelle Befreiung im Alter von sieben? Hast du irgendwelche Folgeschäden?

**Amelie:** Weiß nicht genau, vielleicht so eine Art Ödipuskomplex?

**Barry:** Bei Frauen nennt Freud das glaube ich eher Penisneid. Obwohl Freud ein echter Idiot war. Keine Frau will doch ihren eigenen Penis haben, wenn sie so viele andere haben kann, oder? Wenn man sich hingegen als Mann so umschaut bei seinen Kollegen, kann man schon manchmal neidisch werden …

**Amelie:** Freud! Da siehst du mal, dass der ein echter Sexist war, Frauen kommen in seiner Theorie ja gar nicht vor. Außer seine Mutter.

**Barry:** Ich habe mal ein Bild von Freuds Mutter gesehen. Die war *wirklich* heiß! Aber genug über Freuds Mutter, lass uns über deine Mutter sprechen, das hörte sich irgendwie interessant an.

**Amelie:** Das ist eine Familientragödie. Gehört nicht in ein Gespräch über Sex. Hast du keine eigene Mutter, über die wir sprechen können?

**Barry:** Doch klar. Sie mochte es am liebsten »Sandwich«.

**Amelie:** Ich mag lieber Croissants.

**Barry:** Weißt du, manchmal habe ich das Gefühl, wir sind einfach nicht auf der gleichen Wellenlänge.

## Lustige Dinge

**Ein Mann sitzt** in seiner Lieblingsbar und trinkt ein Bier. Zur Tür herein kommt eine superheiße Frau, Arm in Arm mit einem ekelhaften Schleimer. »Wie kommt dieser Typ zu so einem Geschoss?«, fragt er den Barkeeper. »Is 'n leichtes Mädchen«, antwortet der. Am nächsten Abend taucht die Frau wieder auf. Diesmal allein. Der Mann

nimmt all seinen Mut zusammen und spricht sie nervös an. »Stimmt es, dass du eine Prostituierte bist?«, fragt er sie. »Klar, Süßer, was kann ich für dich tun?« »Hm, weiß nicht, was nimmst du denn so?« »Einmal Hand anlegen macht hundert Dollar. Der Rest ist Verhandlungssache«, antwortet sie. »Hundert Dollar, um mir einen runterholen zu lassen? Bist du irre?« Sie zeigt aus dem Fenster und sagt ruhig: »Siehst du den Ferrari? Den habe ich bar bezahlt, nur mit dem Geld, das ich damit verdient habe, Typen wie dir einen runterzuholen. Glaub mir, das ist es wert.« Scheiß auf das Geld, denkt der Mann und geht mit ihr mit. Er erlebt Unbeschreibliches. Am nächsten Abend erwartet er sie ungeduldig. Als sie endlich auftaucht, geht er direkt zu ihr. »Das gestern Abend, das war unglaublich«, sagt er. »Warte erst mal, bis ich dir einen geblasen habe«, entgegnet sie. »Wie viel kostet das?« »Fünfhundert.« »Fünfhundert? Komm, das ist lächerlich!« »Siehst du das Haus da drüben auf der anderen Straßenseite?«, fragt sie. Er schaut hinüber zu dem zwölfstöckigen Apartmenthaus. »Hab ich bar bezahlt, nur von dem Geld, das ich damit verdient habe, Typen wie dir einen zu blasen. Glaub mir, das ist es wert!«
Nach den Erlebnissen der letzten Nacht glaubt er ihr und beschließt, dass das Geld gut investiert ist – er wird nicht enttäuscht. Am nächsten Abend kann er es kaum erwar-

ten, dass sie endlich wieder auftaucht. »Du hast mich echt überzeugt. Du bist die Beste. Was kostet ein bisschen Muschi?« Sie nimmt ihn am Arm und führt ihn nach draußen. Sie zeigt die Straße hinunter, von wo aus er das Lichtermeer von Manhattan sieht. »Siehst du diese Insel?«, fragt sie. »Ach, komm. Willst du mich verarschen, das ist doch nicht dein Ernst?«, fragt er ungläubig. Sie nickt. »Da kannst du aber sicher sein. Wenn ich 'ne Muschi hätte, würde mir Manhattan gehören.«

☆

**Ein Dompteur steht** in der Mitte der Zirkusarena und verkündet: »Ich werde jetzt mein Geschlechtsteil ins Maul dieses Krokodils legen!« Als er sich in Position gebracht hat, lässt er seine Peitsche auf den Rücken des Krokodils niedersausen und ruft ins atemlose Publikum: »Nur hereinspaziert, wer sich traut!« Eine alte Frau betritt die Manege und sagt: »Ich würde mich schon trauen, aber nur, wenn Sie nicht so fest peitschen.«

☆

**Ein Jäger ist** auf der Pirsch. Seit Stunden schon folgt er einem Bär. Tiefer und tiefer in den Wald führt ihn die Spur.

Er wartet nur noch auf den richtigen Moment, dem Tier eine Ladung Schrot zu verpassen. Endlich, nachdem er zwanzig Minuten reglos in einem Gebüsch gehockt hat, ist es so weit. Er zielt. Schießt. Und – daneben! Der Bär ist rasend vor Wut und stürzt sich auf den Jäger. Er reißt ihm die Kleider vom Leib, vergeht sich an dem wehrlosen Mann und lässt ihn bewusstlos liegen. Eine halbe Stunde später kommt dieser wieder zu sich, berappelt sich und begibt sich erneut hasserfüllt auf die Spur des Bären. Nach zwei Stunden ist er dem Tier wieder auf den Fersen. Er sucht sich eine gute Stelle, legt an, und wieder geht der Schuss daneben. Der Bär wird wild vor Zorn, stürzt sich auf den Jäger und zwingt ihn mit der gleichen Brutalität in die Knie wie zuvor. Gepeinigt, geschlagen und genudelt, berappelt sich der brave Jägersmann erneut. Er schwört auf Rache, und koste es ihn das Leben! Zwei Stunden der Suche vergehen schnell, und wieder läuft ihm der Bär vor die Flinte. Er schießt und – oh nein! – verfehlt wieder sein Ziel. Der Bär langt nach dem Jäger, sieht ihm tief in die Augen und sagt: »Du bist ja wohl nicht zum Jagen hier, oder?«

☆

**Mal wieder geht** ein Kreuzfahrtschiff unter, und wie der Zufall es will, gibt es nur zwei Überlebende: Frank Jedermann und Heidi Klum. Die beiden können sich auf eine einsame Insel retten, wo es glücklicherweise alles gibt, was sie zum Leben brauchen. Sie folgen dem Rhythmus der Natur und entbrennen bald in inniger Liebe für einander. Nach ein paar Monaten aber findet Frank ihr Sexualleben allmählich langweilig und schlägt Heidi allerlei ausgefallene Praktiken vor. Heidi will ihren Mann nicht enttäuschen und macht bei allem, was er sich ausdenkt, brav mit. Doch bald überkommt ihn wieder die Langeweile. Er fragt Heidi: »Liebes, würdest du mir einen Gefallen tun?« »Alles, was du willst, mein Schatz!«, antwortet sie. »Also, ich möchte, dass du diese Klamotten hier anziehst«, sagt er und reicht ihr einen braunen Cord-Zweiteiler samt Hemd und Schlips. »Dann gehst du runter an den Strand. Wenn du mich kommen siehst, wunder dich nicht, wenn ich dich bei einem anderen Namen rufe.« »Wenn dich das glücklich macht, gerne.« Und sie geht davon. Kurze Zeit später schlendert Frank am Strand entlang und sieht Heidi warten, gekleidet wie ein Mann. »He«, schreit Frank und winkt, »he, Fred!« Er kommt herüber. Er schlägt ihr auf die Schulter und ruft: »Fred, Alter, du wirst nicht glauben, mit wem ich gevögelt hab!«

☆

**»Neulich habe ich** meine Frau nackt im Bett vorgefunden. Sie lag zwischen einem Vietnamesen und einem Schwarzen. Ich habe ein Foto gemacht und es an Benetton geschickt. Man weiß ja nie.«

☆

**Die beiden Freunde** Berni und Karl kennen sich schon ihr ganzes Leben. Sie sind gemeinsam zur Schule gegangen, waren Nachbarn, haben an derselben Universität studiert und dasselbe Mädchen geheiratet. Sie haben in derselben Kneipe ihren vierzigsten und fünfzigsten Geburtstag gefeiert, und jetzt, als es auf die Neunzig zugeht, kreisen ihre Gespräche immer öfter um den Tod und darum, was sie vielleicht auf der anderen Seite erwarten könnte. Sie sind sich einig darüber, dass derjenige von beiden, der zuerst stirbt, versuchen soll, mit dem Freund auf der anderen Seite Kontakt aufzunehmen. Und eines Tages ist es so weit. Karl stirbt. Ein paar Wochen später, als Berni gerade die Küche putzt, hört er es in den Schränken klappern, und der Tisch bewegt sich, und eine Stimme ruft: »Berni, Beeeerni!« »Was? Was ist denn das?« Und wieder die Stimme: »BERNIE!« »Karl, bist du das?«, fragt Bernie unsicher. »Ja, Bernie. Ich bin ’s!« »Und? Wie ist es?« Karl antwortet: »Es ist super! Die Tage sind alle gleich.

Aufwachen. Essen. Ein bisschen Sex. Ein bisschen spazieren gehen. Ausruhen. Aufwachen. Ein bisschen Sex. Essen. Ein bisschen Sex. Schlafen gehen. Und wenn ich am nächsten Morgen aufwache, fängt alles wieder von vorne an.« »Mann!«, sagt Bernie. »Du bist bestimmt im Himmel!« »Nein«, sagt Karl, »ich bin ein Elch in Südschweden.«

## Böse Worte

Jesus ☆ Priester ☆ Junge ☆ Mädchen ☆ Beichte

## Zur Übung

### Aktiv

Wie wär 's mit einem One-Night-Stand?

### Kreativ

Verfassen Sie unter Verwendung der fünf bösen Worte ein fröhliches Lied.

*Comedy keeps the heart sweet.*

MARK TWAIN

# Jesus is coming, look busy!

**Barry:** Wie sieht es aus? Bist du bereit, Witze über Religion zu machen, oder verspürst du nach wie vor eine ethisch-moralische Verpflichtung?

**Amelie:** Ans Kreuz damit!

**Barry:** Dann bleibt zum krönenden Abschluss nur noch, dass wir über Gott reden. Und seinen Sohn. Wir könnten zu diesem Zweck den Jesusbeweis führen.

**Amelie:** Das heißt Gottesbeweis.

**Barry:** Nein, ich meine Jesusbeweis. Seit einer Ewigkeit diskutieren die Gelehrten darüber, welcher Nationalität Jesus eigentlich war. Die überzeugendsten Argumente kommen, finde ich, von den Italienern, den Iren und den Juden:

**Drei Argumente dafür, dass Jesus Ire war:**

1. Er hat nie geheiratet.
2. Er hat keinen Job lange behalten.
3. Sein letzter Wunsch war etwas zu trinken.

**Drei Argumente dafür,
dass Jesus Italiener war:**

1. Er ließ seine Hände sprechen.
2. Er trank zu jedem Essen Wein.
3. Er arbeitete in der Baubranche.

**Und schließlich der Beweis dafür,
dass Jesus Jude war:**

1. Er ist ins Geschäft seines Vaters eingestiegen.
2. Er hat zu Hause gewohnt, bis er 33 war.
3. Er war sicher, dass seine Mutter eine Jungfrau war, und seine Mutter war überzeugt davon, er sei Gott.

**Amelie:** Hui, all das nur, weil eine Mutter ein völlig übersteigertes Bild von ihrem Sohn hatte?

**Barry:** Das ist auch eine Art, eine Religion zu begründen, aber ich bin sicher, sie hatte außerdem einen guten Werbefachmann.

**Amelie:** Wenn man sich diesen Aufwand anschaut, ist es eine ziemliche Pleite, dass sie Jesus so früh verloren hat.

**Barry:** Das war alles Teil der Kampagne. Jesus musste erst mal sterben, um ein ewiger Star zu werden. Nur deshalb können doch heute alle »Jesus lebt« rufen.

**Amelie:** Nietzsche meint aber, Gott ist tot.

**Barry:** Na, das hätten wir ja dann auch geklärt.

**Amelie:** Ja, Gott sei Dank.

**Barry:** Glaubst du, wir haben jetzt alles besprochen, was man über schwarzen Humor wissen muss?

**Amelie:** Das ist zumindest alles, was du mir damals beigebracht hast.

**Barry:** Ja, du hast ganz schön viel gelernt. Du bist jetzt ein Clown.

**Amelie:** Ich hoffe nur, es ist in Ordnung, ein ärgerlicher Clown zu sein. Weißt du, ich fühle mich manchmal so arbeitslos.

**Barry:** Any job not worth having is worth losing.

**Amelie:** Vermutlich hast du Recht, eigentlich habe ich ja meine wahre Bestimmung gefunden.

**Barry:** Natürlich habe ich Recht. Guck mich an, ich bin schon seit zwanzig Jahren erfolgreich arbeitslos.

**Amelie:** Scheint so, als wäre deine Funktion auf dieser Welt, eine Warnung für andere zu sein.

**Barry:** Willkommen im Club, Gnädigste.

## Lustige Dinge

**Ein Mullah reitet** auf seinem Esel die staubige Straße entlang. Er zockelt an einem Ehepaar vorbei, das zu Fuß auf dem Weg ins nächste Dorf ist. Der Mann folgt der Frau im gebührlichen Abstand von drei Metern. Der Mullah ist außer sich und kann kaum glauben, was er da sieht. »Guter Mann«, schreit er. »Was machst du da, deine Frau geht ja drei Meter vor dir? Hast du keinen Respekt vor dem Islam?« Der Mann antwortet: »Bitte, verzeihen Sie, Bruder, aber das war doch der Islam, bevor es Landminen gab.«

☆

**Es ist der Tag** der Kreuzigung. Hoch oben auf dem Berg wird Jesus ans Kreuz genagelt. In der Hitze und wegen der unmenschlichen Schmerzen schwindet ihm rasch die Kraft. Schon nach einer halben Stunde kann er den Kopf fast nicht mehr halten. Am Fuße des Kreuzes ist ein riesiger Menschenauflauf. Alle leiden mit ihrem Heiland. Ein Raunen geht durch die Menge, als Jesus doch noch einmal den Kopf hebt. »Petrus!«, ruft er. »Wo ist Petrus?« Doch Petrus scheitert an den Wächtern, die ihm – zack – einen Arm abschlagen, als er versucht vorbeizukommen. Aber Petrus ruft trotzdem: »Hier bin ich, mein Herr!«, und winkt mit dem verbliebenen Arm. Nach einer weiteren halben Stunde öffnet Jesus mit Mühe noch einmal die Augen, schaut hinunter zum Volk und flüstert fast unhörbar: »Petrus! Petrus, wo bist du?« »Hier!«, ruft Petrus und drängelt sich, schwer verletzt, nach vorn. Die Wächter schwingen ihre Schwerter, und – zack – hauen sie Petrus auch noch ein Bein ab. Ihm schwinden die Sinne. Jesus schaut noch einmal auf. »Petrus, Petrus!« Petrus kriecht blutend zu Kreuze. »Ja, Herr, hier bin ich, ich höre dich!« Jesus schlägt erleichtert die Augen auf und sagt: »Petrus, von hier oben kann ich dein Haus sehen!«

☆

**Jesus und Moses** sitzen endlich mal wieder zusammen und erinnern sich an alte Zeiten. Sie trinken, nehmen ein oder zwei Ecstasys und plaudern über ihre großen Wunder.
Völlig angestachelt von den alten Geschichten, klauen sie ein Flugzeug und fliegen ans Rote Meer. Moses teilt das Wasser und vereint es wieder, macht das ein paar Mal hin und her. Jesus fliegt hinaus über die See, betritt die Wasseroberfläche – und sinkt auf den Grund. Dort spaziert er bis ans Ufer. Als er an Land kommt, fragt Moses: »Sag mal, hattest du diese Löcher in den Füßen früher auch schon?«

☆

**Cosimo Streicher,** ein aalglatter, aufstrebender junger Werbefachmann, hat einen Vertrag von der alteingesessenen Firma »Müller« angeboten bekommen. »Müller« ist groß im Handwerkerbedarf und berühmt für seine Nägel. Streicher soll für eine riesige Werbetafel an einem Frankfurter Bankgebäude eine neue Kampagne entwickeln. Er verspricht Müller senior übers Wochenende einen vollkommen neuen und modernen Auftritt für seine Nägel. Als Müller senior am Montagmorgen am Bankhaus vorbeifährt, trifft ihn fast der Schlag. Über

40 mal 20 Metern prangt dort ein Bild von Jesus am Kreuz mit der Unterzeile: »Müllers Nägel – über 2000 Jahre Qualität.«
Empört ruft er Streicher an und zitiert ihn umgehend ins Büro. »Wir können auf keinen Fall Jesus am Kreuz vor allen Bürofenstern hängen haben, das muss Ihnen doch einleuchten, Mann!«, herrscht Müller den Jungen an. Dieser entschuldigt sich wortreich und verspricht, den Fehler bis zum nächsten Morgen zu beheben. Am nächsten Morgen bietet sich Müller senior folgendes Bild: Unter einem leeren Kreuz rollt sich Jesus im Staub, Nägel in Füßen und Händen. Darunter steht zu lesen: »Mit Müllers Nägeln wäre das nicht passiert«.

☆

**Eine junge Novizin** kommt aufgeregt zu Mutter Oberin gerannt. »Mutter, Mutter, was soll ich bloß tun? Ich war in der Stadt und habe Blumen verkauft, und dann haben mich drei Männer überfallen und vergewaltigt!« Die Mutter Oberin nimmt eine Zitrone und schneidet eine große Scheibe davon ab. »Hier, mein Kind, nimm das und steck es dir in den Mund«, sagt die Mutter Oberin und reicht dem aufgeregten Mädchen die Zitronenscheibe. »Danke, Mutter, wird mich das vor einer Schwangerschaft schützen?« »Nein, Liebes, aber es wird helfen, dieses dumme Grinsen aus deinem Gesicht zu kriegen.«

☆

**Josef Zimmermann,** Vorsitzender der Restaurantkette Wienerwald, ruft den Vatikan an und erklärt, dass Wienerwald der Kirche eine Spende von 500 000 Euro anbietet. Die einzige klitzekleine Bedingung, die daran geknüpft ist, ist, dass im Vaterunser eine Zeile geändert wird: Statt »unser tägliches Brot gib uns heute« soll das Gebet in Zukunft »unser tägliches Huhn gib uns heute« lauten. »Es tut mir Leid«, antwortet der Papst. »Wir danken Ihnen für Ihr großzügiges Angebot, aber ich bin nicht berufen, den Wortlaut des Vaterunsers zu ändern, wir müssen leider ablehnen.« Eine Woche später ruft Josef Zimmermann wieder an. Diesmal bietet er dem Papst eine Spende von einer Million Euro an, natürlich nur unter der Bedingung, dass das Brot durch das Huhn ersetzt wird. Der Papst zögert kurz, lehnt aber wiederum ab. »Nein, Sie müssen verstehen, selbst ich kann nicht einfach so ein Gebet ändern.« Josef Zimmermann gibt aber noch lange nicht auf. Nur drei Tage später klingelt das Telefon des Papstes erneut. »Überlegen Sie es sich, Heiliger Vater«, sagt Zimmermann. »Zwei Millionen!« Der

Papst zögert diesmal nicht lang und sagt: »Mein Herr, ich danke für Ihre Großzügigkeit, und natürlich werden wir auch das Vaterunser ändern.« Am Nachmittag beruft er eine Bischofskonferenz ein. »Meine Herren, ich habe eine gute Nachricht und eine schlechte Nachricht: Die gute ist, wir bekommen zwei Millionen Euro von Wienerwald. Die schlechte ist, wir verlieren Kamps als Sponsor.«

☆

**Es waren einmal** drei fromme Mönche. Diese Mönche waren so fromm, dass der Abt entschied, sie müssten für ihre Frömmigkeit entlohnt werden. Er gewährte jedem von ihnen einen Tag in Sünde, unter der Bedingung, dass sie ihm ihre Sünden am Ende des Tages beichteten.
Der Tag kommt und die drei Mönche gehen hin, um der Sünde in all ihren Formen zu frönen. Der erste Mönch kehrt gegen ein Uhr morgens nach Hause zurück und versucht sich die Treppen hinauf in sein Schlafgemach zu schleichen. Aber der Abt, der die Rückkehr der drei erwartet hat, hält ihn an und verlangt, dass der Mönch von seinen Erlebnissen berichten solle.
»Nein, Vater«, sagt der erste Mönch. »Es ist zu schlimm, um darüber zu sprechen!« »Es war abgemacht, dass du mir alles berichtest. Sonst kann ich dir keine Absolution

erteilen«, beharrt der Abt. Der Mönch erzählt: »Ich – ich – ich habe getrunken! Und ich habe alle möglichen Drogen ausprobiert. Ich habe Gras geraucht und Haschisch und getrocknete Bananen und ...«
»Genug!«, unterbricht der Abt aufgebracht. »Das sind schlimme Sünden, aber ich habe versprochen, dir zu vergeben. Geh, Bruder, trink etwas vom heiligen Wasser und bete. Morgen wird dir vergeben sein.« Der Mönch tut, wie ihm geheißen. Um zwei Uhr kommt der zweite Mönch nach Hause. »Was hast du getan?«, fragt der Abt, der ihn bereits an der Pforte erwartet. »Ich kann es nicht sagen, es ist zu sündig!«, sagt der Mönch reuig.
»Die Abmachung war, dass du mir alles erzählen musst!«
»Ich – ich hatte Sex. Viel Sex. Mit Frauen und jungen Mädchen, mit Jungen und Männern, Zimmerpflanzen und einem Staubsauger ...«
»Genug!«, herrscht der Abt erschrocken. Aber er erinnert sich an sein Versprechen und sagt zu dem Mönch: »Geh und trink etwas vom heiligen Wasser, bete, und morgen wird dir vergeben sein.« Der Mönch tut, wie ihm befohlen. Es ist bereits drei Uhr morgens, die Vögel fangen schon an zu singen, als schließlich der dritte Mönch heimkommt. »Was hast du gemacht, Bruder?«, fragt der Abt. Der Mönch schämt sich so sehr und will nicht beichten. »Bruder!«, donnert der Abt. »Die Abmachung!« »Ich

weiß, ich weiß«, stottert der Mönch. »Ich ...« »Ja?« »Ich habe ins heilige Wasser gepinkelt.«

☆

**Ein katholischer Mönch** und ein islamischer Mufti sitzen zusammen im Zug. Natürlich sind beide extrem neugierig auf die Religion des jeweils anderen. Der Mönch fragt den Mufti: »Sag mal, ist es wirklich wahr, dass ihr Moslems kein Schweinefleisch essen dürft?« »Kein Schweinefleisch, richtig«, stimmt der Mufti zu. »Und du hast auch noch nie Schweinefleisch gegessen?«, fragt der Mönch. »Nie!«, sagt der Mufti. »Ganz ehrlich? Noch nie in deinem Leben? Mir kannst du es doch sagen ...« »Na ja, also ein Mal. Aber das ist schon viele Jahre her«, gibt der Moslem schließlich zu. Der Zug rattert weiter durch die Landschaft, und der Mufti fragt: »Und wie ist das bei euch? Stimmt es, dass ihr keinen Sex haben dürft?« »Keinen Sex, stimmt«, antwortet der Mönch. »Nie? Und du hast wirklich noch nie Sex gehabt?«, fragt der Mufti. »Nie«, lautet die Antwort. »Komm schon, gib es doch zu. Du hast bestimmt schon mal Sex gehabt«, drängelt der Mufti. »Also gut«, räumt der Mönch ein. »Ein Mal, da war ich fünfzehn.« »Und?«, fragt der Mufti, »ist doch besser als Schweinefleisch, oder?«

**Der berühmte Rabbi Schwarz** besucht den Papst im Vatikan. Zusammen sitzen sie im Arbeitszimmer des Heiligen Vaters, und während sie sich angeregt unterhalten, fällt der Blick des Rabbi immer wieder auf ein knallgrünes Telefon, das in der Mitte des Schreibtisches thront. »Ist das ein besonderes Telefon, Euer Eminenz?«, fragt Rabbi Schwarz. »Das ist meine Direktleitung zu Gott«, antwortet der Papst. Der Rabbi ist begeistert. »Darf ich mal anrufen?«, fragt er. So einen Wunsch kann der Heilige Vater seinem Kollegen natürlich nicht ausschlagen. Rabbi Schwarz ruft Gott an, die beiden tratschen gut zwanzig Minuten über Gott und die Welt, das Wetter und andere wichtige Dinge. Als er aufgelegt hat, fragt Schwarz: »Was schulde ich Ihnen, Euer Eminenz?« »Hm, lassen Sie mich nachrechnen«, überlegt der Papst laut. »Zwanzig Minuten à 9872 Euro … macht ungefähr 19 500 Euro.« Rabbi Schwarz stellt einen Scheck aus und fährt wenige Tage später zurück nach Hause. Zwei Monate später, als der Papst gerade auf Tournee durch den Nahen Osten ist, macht er selbstverständlich Station bei Rabbi Schwarz in Jerusalem. Kaum hat er das Studierzimmer des Rabbi betreten, fällt sein Blick auf ein knallgrünes Telefon in der Mitte des Schreibtisches. »Haben Sie sich jetzt auch so ein Telefon gekauft?«, fragt der Heilige Vater. Schwarz nickt begeistert und erzählt, wie sehr ihn die Direktleitung im Vatikan beeindruckt hat. Der Papst hat schon eine Weile nicht mehr mit Gott gesprochen, und ihn beschäftigen nach der Reise eine Reihe von Fragen. »Darf ich mal anrufen?«, fragt er den Rabbi. »Klar, kein Problem!«, antwortet der. Zwanzig Minuten vergehen wie im Flug, und der Papst legt zufrieden den Hörer auf. »Und was schulde ich Ihnen?«, fragt er. »Zwanzig Minuten ... lassen Sie mich nachrechnen, Euer Eminenz, ungefähr drei Euro, würde ich sagen.« »Was?!«, entfährt es dem Heiligen Vater. »Wie kann denn das so billig sein?« Rabbi Schwarz lächelt. »Ortsgespräch«, antwortet er.

## Böse Worte

dunkel ☆ schwarz ☆ Pest ☆ Tod ☆ Mann

## Zur Übung

### Aktiv

Gehet hin und mehret Euch!

### Kreativ

Wiederholung festigt.

## ABSPANN

**Barry Gould,** 1964 in San Francisco als Kind von Hippies geboren, lebt heute in Deutschland. Herr Gould ist professioneller Comedian und tritt seit 14 Jahren mit seinen Comedyshows auf. »Elf leichte Lektionen in schwarzem Humor« ist sein erstes Buch.

**Amelie Fichte** ist 1973 in einem regnerischen Teil Deutschlands geboren, wo niemand je von Hippies gehört hatte. Sie hat Literatur studiert und ist schließlich Lektorin geworden. Barry Gould ist ihr erster Co-Autor.

EHRENWIRTH
ist ein Imprint der Verlagsgruppe Lübbe

Originalausgabe


Einbandgestaltung: Christina Krutz, Riedlhütte
Zwergenbesitzer: Anita & Ralf Nienhüser/Messer: MH Design
Layout und Satz: Harald Braun, Berlin
Gesetzt aus der Meta
Druck und Einband: Clausen & Bosse, Leck

Printed in Germany

ISBN 3-431-03232-X
5 4 3 2 1

Sie finden uns im Internet unter
www.luebbe.de